Original Japanese title: MINNAGA SHIRITAI! TANI NO SUBETE KURASHI KARA BENKYO
MADE YAKUDATSU CHISHIKI TO SHIKUMI
© IDEA VILLAGE, 2022
Original Japanese author: 「TANI NO SUBETE」 HENSHU SITSU
Original Japanese edition published by MATES universal contents Co., Ltd.
Korean translation rights arranged with MATES universal contents Co., Ltd.
through The English Agency (Japan) Ltd. and Danny Hong Agency.

이 책의 한국어판 저작권은 대니홍 에이전시를 통한 저작권사와의 독점 계약으로 리스컴에 있습니다.
저작권법에 의해 한국 내에서 보호를 받는 저작물이므로 무단전재와 복제를 금합니다.

알면 알수록 재미있는
단위의 세계

시작하기에 앞서

여러분은 '단위'가 없는 세상을 상상해 본 적이 있나요? 만약 단위가 없다면 여러분들이 친구들과 놀 때 곤란한 상황이 생길 수 있어요. 친구 집에 놀러 갈 때도 시간 단위를 사용해야만 약속 시간을 정할 수 있어요. 케이크를 친구와 똑같이 나눠 먹으려면 부피, 무게, 각도의 단위가 필요해요. 밖에서 놀 때는 날씨와 온도의 단위를 사용해서 각각 확인해야 하죠.

'에이, 그런 적 없어'라고 생각할지 모르지만, 이 책을 읽다 보면 우리 주위 일상에서 얼마나 많은 종류의 단위를 사용하고 있는지 알 수 있을 거예요.

일상생활에 도움을 주는 단위는 세계와 우주에 대한 호기심을 풀어주는 도구도 된답니다. 밝기의 단위를 알면 저 멀리 빛나는 별 중에서 어떤 별이 가장 밝게 빛나는지 알게 되고, 우리가 서 있는 지구가 태양과는 얼마만큼 떨어져 있는지 천문단위를 가지고 정확한 거리를 설명할 수 있게 돼요.

단위는 자기 자신을 잘 이해하고 표현하는 데 도움이 되기도 하죠. 운동을 할 때도 키와 몸무게를 정확히 알고 있으면 몸에 맞는 적절한 강도의 운동으로 안전하게 근력을 키울 수 있어요. 또 일기나 편지를 쓸 때 날짜와 기온을 적어두면 정확하고 훌륭한 기록으로 남을 수 있을 거예요.

때로는 주변 사람들에게 스스로를 소개하거나 다른 사람을 이해할 때도 단위는 필요해요. 외국인 친구에게 여러분을 소개하면서 우리나라의 위치와 날씨에 대해 알려주기까지 한다면 완벽한 소개가 될 수 있겠죠?

아직은 이런 이야기가 잘 와닿지 않을지 몰라요. 하지만 단위에 대해서 잘 알게 된다면 지식의 깊이가 더 깊어지고, 지금보다 한 차원 더 넓은 세계로 나아갈 수 있을 거예요. 이 책을 통해 지식과 지혜가 쑥쑥 자라나는 설레는 경험을 마음껏 해보길 바랍니다.

단위의 세계 편집부

목차

시작하기에 앞서 ································· 4
이 책의 사용법 ································· 10

제1장 수를 표시하는 방법

| 수를 표시하는 방법 1 | 고대인이 사용했던 단위 ···················· 14
| 수를 표시하는 방법 2 | 10과 소수점의 거듭제곱에 쓰이는 접두어 ········ 16
| 수를 표시하는 방법 3 | SI 단위계, 유도 단위 ···················· 18
• 묶음이 그대로 단위가 된 것 ···················· 20

제2장 단위의 기본

길이의 단위 1	미터(m) ······ 24
길이의 단위 2	피트(ft), 인치(in), 야드(yd) ······ 26
면적의 단위 1	제곱미터(m²) ······ 28
면적의 단위 2	아르(a), 헥타르(ha), 평 ······ 30
부피의 단위 1	세제곱미터(m³) ······ 32
부피의 단위 2	리터(L), 데시리터(dL), 씨씨(cc) ······ 34
부피의 단위 3	갤런(gal), 배럴(bbl) ······ 36
무게의 단위 1	킬로그램(kg) ······ 38
무게의 단위 2	톤(T) ······ 40
무게의 단위 3	온스(oz), 파운드(lb) ······ 42
시간의 단위	초, 분, 시, 일, 월, 년 ······ 44
	• 인간은 어떻게 시간을 재었을까? ······ 46
각도의 단위	도(°) ······ 48
비율의 단위	퍼센트(%) ······ 50

제3장 우주와 지구의 단위

천문의 단위 1	천문단위(au), 광년(ly), 파섹(pc) ······ 54
천문의 단위 2	등급 ······ 58
방위의 단위	S극과 N극 ······ 60
온도의 단위	절대온도(K), 섭씨(℃), 화씨(℉) ······ 62
날씨의 단위	기압(hPA), 풍속(m/s) ······ 64
	• 기압의 차이가 날씨의 차이를 만들어요 ······ 66
	• 산에서 과자 봉지가 빵빵하게 부푸는 이유 ······ 68
장소의 단위	위도, 경도 ······ 70
지진의 단위	규모, 진도 ······ 72
	• '쿠르릉 쾅' 번개가 칠 때는 무슨 일이 일어날까? ······ 74

제4장 사물의 성질과 관련된 단위

전자파의 단위	주파수(Hz)	78
전기의 단위 1	전압(V), 전류(A)	80
전기의 단위 2	전력(W), 전력량(Wh)	82
전기의 단위 3	저항(Ω)	84
	• 전지의 종류와 형태가 궁금해요	86
자력의 단위	테슬라(T), 가우스(G)	88
속도의 단위 1	초당 미터(m/s), 시간당 킬로미터(km/h)	92
속도의 단위 2	마하 노트(kt)	94
가속도의 단위	가속도(m/s²)	96
열량의 단위 1	칼로리(cal)	98
열량의 단위 2	줄(J)	100
산성도의 단위	피에이치(pH)	102
방사선의 단위	베크렐(Bq), 시버트(Sv)	104
	• 책받침에 머리카락이 달라붙는 것은 정전기 때문	108

제5장 사회의 단위

소리의 단위	데시벨(dB) ·· 112
빛의 단위	칸델라(cd), 루멘(lm), 럭스(lx) ······················ 114
비율의 단위	퍼밀(‰) ·· 116
돈의 단위	원(₩), 달러($) 그 밖의 돈 ·························· 118
	• 우리나라에서 가장 오래된 돈은 뭘까? ··············· 120
달력의 단위	세기, 태양력, 태음력 ································· 122
	• 옛날에 우리나라에서 사용하던 단위들 ··· 124
돌의 단위	캐럿, 모스, 경도 ······································ 126
	• 일상생활 속에서 자주 보는 단위가 궁금해요 ········ 128

제6장 디지털의 단위

정보량의 단위	비트(b), 바이트(B) ·······  또는  ·· 132
처리 속도의 단위	클록 주파수(Hz), 비피에스(bps) ···················· 134
화질의 단위	픽셀(px), 도트(dot), 디피아이(dpi) ················ 136
	• 시대가 발전하면 정보량도 늘어나요 ···················· 138

찾아보기 ·· 140

이 책의 사용법

이 책에서는 수학과 과학에서 사용하는 단위 외에도 우리 주변에서 흔히 볼 수 있는 여러 가지 단위들을 알려주고 있어요. 단위가 어떻게 사용되고 있는지, 또 그 단위가 어떻게 만들어지고 사용됐는지 설명합니다.

● 쉬운 말로 단위를 설명하거나, 단위에 대해 궁금한 모든 것을 이야기해 줍니다.

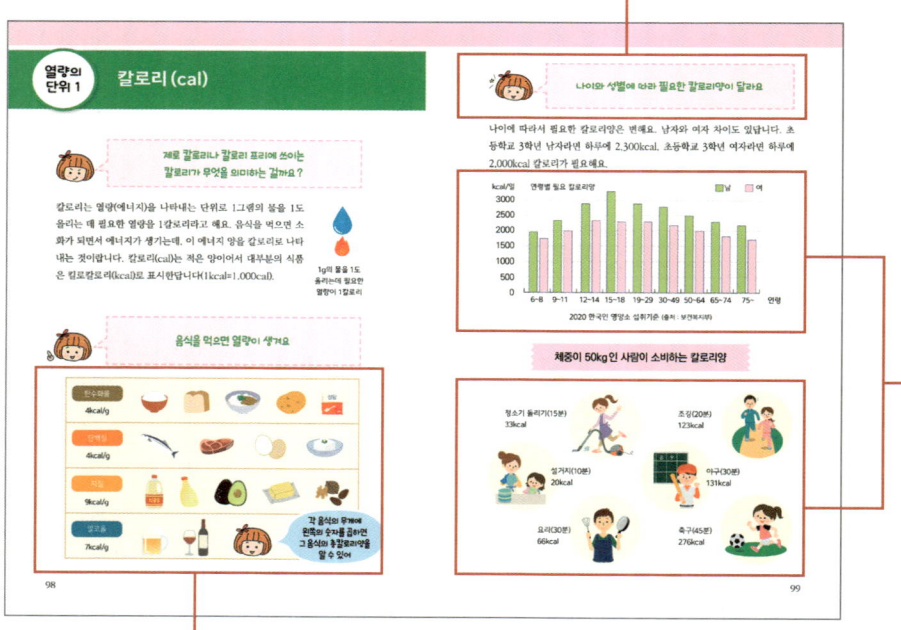

● 풍부한 사진과 그림으로 단위뿐 아니라 단위가 쓰이는 대상에 대해서도 자세히 설명합니다.

우리 함께 단위의 세계를 여행해 볼까요?

● 이해하기 쉽도록 그래프와 도표를 사용해 단위의 사용법이나 단위에 관한 폭넓은 정보를 전달합니다.

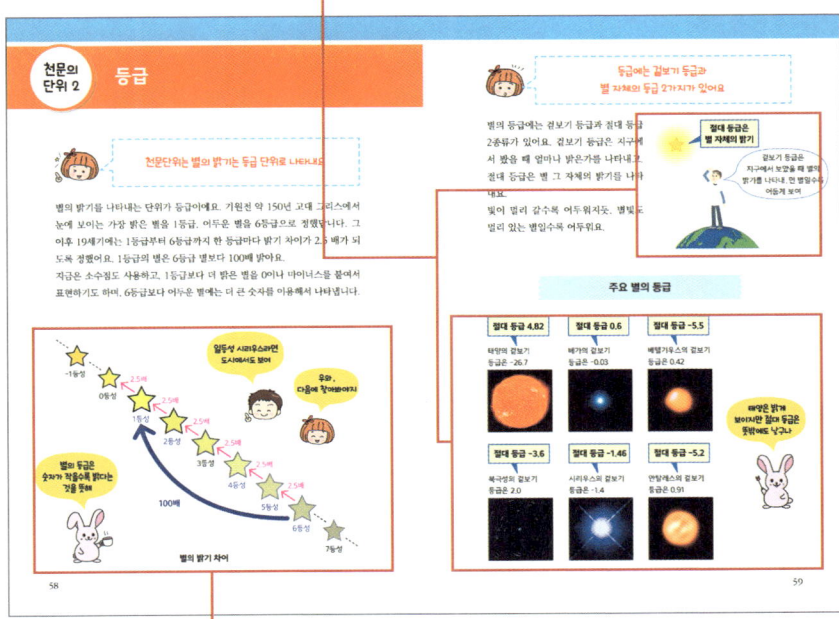

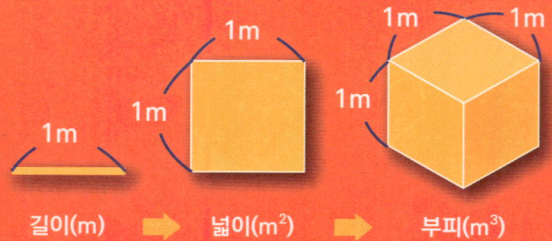

길이(m) ➡ 넓이(m²) ➡ 부피(m³)

제1장
수를 표시하는 방법

이 책은 단위에 관한 모든 것을 알려줍니다. 먼저 단위가 어떻게 생겨났는지 알아보고, 단위의 가장 기본이 되는 수의 크기에 대해서도 살펴보기로 해요. 마지막으로 전 세계에서 널리 사용하는 SI 단위도 알아보아요.

수를 표시하는 방법 1
고대인이 사용했던 단위

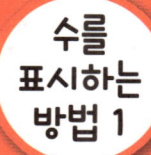

6,000년 전에 팔을 이용해서
길이를 쟀던 단위를 큐빗이라고 불러요.

6,000년 전 고대 오리엔트 메소포타미아에서는 '큐빗'이라고 하는 단위를 사용했어요. 큐빗은 굽힌 팔꿈치부터 쫙 편 가운뎃손가락의 끝까지를 이용한 단위로 약 50cm가 1큐빗이에요. 큐빗은 고대 여러 나라가 널리 사용했지만, 각 나라에서 사용하는 1큐빗의 길이가 달라서 서로 무역할 때 불편했어요.

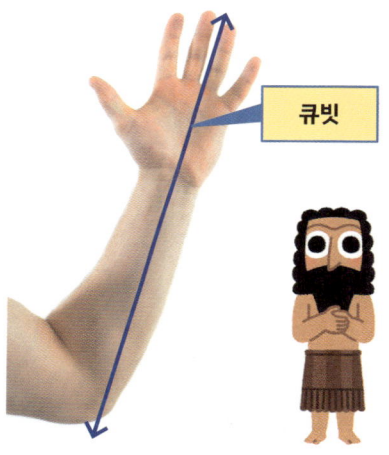

큐빗

고대 이집트에서는 7,000년 전부터
천칭 저울로 무게를 재었어요.

7,000년 전 고대 이집트에서는 물건의 무게를 잴 때 천칭 저울을 사용했어요. 고대 이집트의 문서 〈사자의 서〉에도 천칭이 그려져 있어요. 천칭을 사용한 이집트의 가장 오래된 단위는 '베카'이고 저울추의 단위로 사용했어요.

고대 중국에서는 진시황이 같은 크기의
'되'와 '저울'을 만들었어요

2,200년 전 처음으로 중국을 통일한 진시황은 그때까지 나라별로 달랐던 길이와 무게 등의 단위와 화폐 그리고 문자를 통일했어요. 특히 양을 재는 '되'와 무게를 재는 '저울'을 똑같이 만들어 전국의 단위를 하나로 통일했답니다.

모두가 같은 되와 저울을 사용하면 차이가 발생하지 않게 되지

고대 로마에서는 육상 경기의 거리를
스타디온이라는 단위를 이용해 나타냈어요

고대 로마에서 사용했던 스타디온이라는 단위는 아침에 태양이 지평선 위로 모습을 드러내기 시작한 순간부터 동그란 태양의 모습이 완전히 다 나타날 때까지의 약 2분 동안 사람이 걸을 수 있었던 거리예요. 고대의 경기장에는 스타디온의 거리를 기준으로 출발 지점과 도착 지점에 돌을 놓아 달려야 할 거리를 표시했어요.

스타디움이라는 단어는 스타디온에서 왔어

15

수를 표시하는 방법 2

10과 소수점의 거듭제곱에 쓰이는 접두어

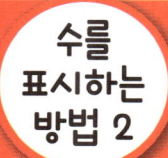

0이 많이 붙은 숫자는 거듭제곱으로 간단하게 표시할 수 있어요

10^2 = 10×10 = 100

10^3 = 10×10×10 = 1000

10^4 = 10×10×10×10 = 10000

10^5 = 10×10×10×10×10 = 100000

빨간 동그라미 친 부분을 거듭제곱이라고 하고, 10의 배수만큼 2승 또는 3승 등으로 읽는 거야

1보다 작은 숫자는 소수점을 사용해서 나타내요

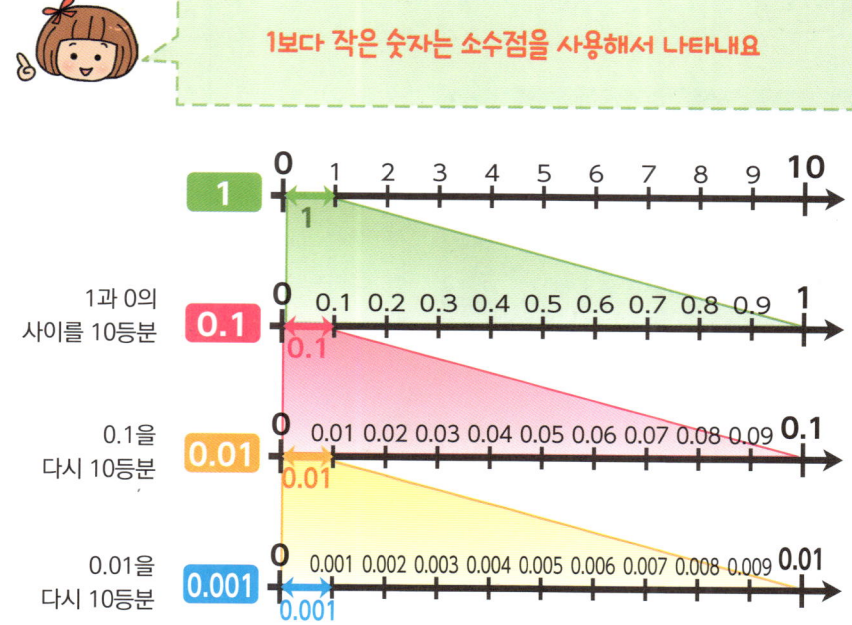

접두어는 큰 숫자와 작은 숫자를 간단히 말하기 위해 사용해요

접두어		10진수
요타 (Y)	10^{24}	1000000000000000000000000
제타 (Z)	10^{21}	1000000000000000000000
엑사 (E)	10^{18}	1000000000000000000
페타 (P)	10^{15}	1000000000000000
테라 (T)	10^{12}	1000000000000
기가 (G)	10^{9}	1000000000
메가 (M)	10^{6}	1000000
킬로 (k)	10^{3}	1000
헥타 (h)	10^{2}	100
데카 (da)	10^{1}	10
	10^{0}	1
데시 (d)	10^{-1}	0.1
센티 (c)	10^{-2}	0.01
밀리 (m)	10^{-3}	0.001
마이크로 (μ)	10^{-6}	0.000001
나노 (n)	10^{-9}	0.000000001
피코 (p)	10^{-12}	0.000000000001
펨토 (f)	10^{-15}	0.000000000000001
아토 (a)	10^{-18}	0.000000000000000001
젭토 (z)	10^{-21}	0.000000000000000000001
욕토 (y)	10^{-24}	0.000000000000000000000001

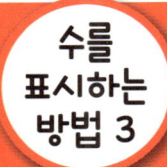

SI 단위계, 유도 단위

세계 공통으로 사용하기 위해 1960년에 파리에서 정한 규칙이 아래 7개 단위예요

그전까지 국가와 지역에 따라서 다른 단위를 사용하고 있어서 불편한 경우가 많았어요. 그래서 1960년 파리 국제회의를 통해 전 세계에서 공통으로 사용할 단위를 정한 것이 SI 단위입니다. 아래 7개의 단위를 기본 단위로 정했어요.

SI 기본 단위 7개

SI 기본 단위 7개

단위의 종류	읽는 법	(기호)
길이	미터	(m)
질량(무게)	킬로그램	(kg)
시간	초	(s)
전류	암페어	(A)
온도	켈빈	(K)
광도	칸델라	(cd)
물질량	몰	(mol)

SI 단위를 사용해서 만든 단위를
유도 단위라고 불러요

SI 단위를 이용해 만든 단위가 유도 단위예요.

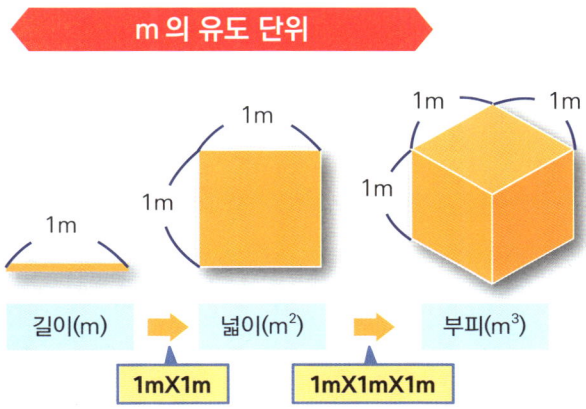

m의 유도 단위

길이(m) → 넓이(m^2) → 부피(m^3)
            1m×1m   1m×1m×1m

길이(m)를 예로 들면,
m를 조합해서 넓이나 부피의
단위로 쓰는 걸 알 수 있어

유도 단위의 예

넓이	제곱미터 (m^2)	평면이나 곡면에 있는 도형의 크기
부피	세제곱미터 (m^3)	어떤 물체가 공간을 차지하는 크기
밀도	킬로그램/세제곱미터 (kg/m^3)	물질의 단위 부피당 질량
속도, 빠르기	미터/초 (m/s)	단위 시간당 위치의 변화량
가속도	미터/초^2 (m/s^2)	단위 시간당 속도의 변화량
각속도	라디안/초 (rad/s)	회전속도를 단위 시간당 회전각 (rad)으로 나타냄

상자나 묶음을 단위로

묶음이 그대로 단위가 된 것

다스는 묶음을 나타내요

같은 물건 12개를 하나의 묶음으로 보고 한 단위로 사용해요. 1다스=12개, 12다스=1그로스(144개)예요. 다스는 연필이나 병을 셀 때 사용하며, 그로스는 나사처럼 수량이 많은 물건을 세는 경우에 사용해요. 고대 메소포타미아 시대에 1년을 12개월로 정한 것이 다스의 유래라고 해요.

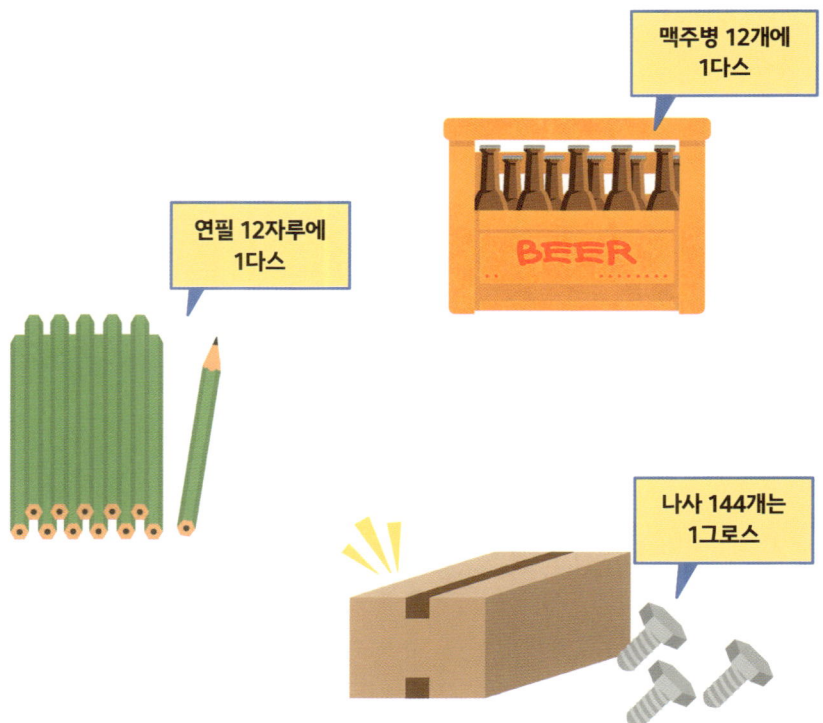

맥주병 12개에 1다스

연필 12자루에 1다스

나사 144개는 1그로스

카톤은 상자 하나를 단위로 써요

카톤은 두꺼운 종이로 만들어진 상자를 뜻하며, 골판지로 된 상자 한 개를 가리키는 단위예요. 과일이 가득 들어있는 상자 하나를 '1카톤'이라고 해요.

바나나의 경우, 상자에 정확히 몇 개가 들어있는지 알 수 없어. 크기에 따라서 들어가는 개수가 다르기 때문이야

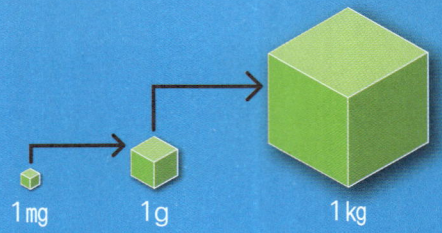
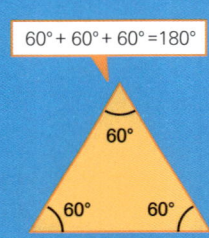
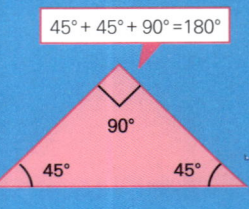

미국 : 1갤런   한국 : 1L 팩 X 3.8

제2장
단위의 기본

길이, 크기, 무게, 시간 등 우리 주변의 물건을 잴 때 쓰는 단위를 모아 봤어요. 단위를 이해하면 산이나 건물 등의 높이를 듣기만 해도 어느 정도인지 짐작할 수 있어요.

길이의 단위 1

미터 (m)

길이를 잴 때의 기본 단위는 m예요. 그밖에도 길이의 단위로는 mm, cm, km가 있어요. 각각의 단위는 다음과 같은 관계를 가지고 있어요. 여러분이 갖고 있는 자로 확인해 보세요.

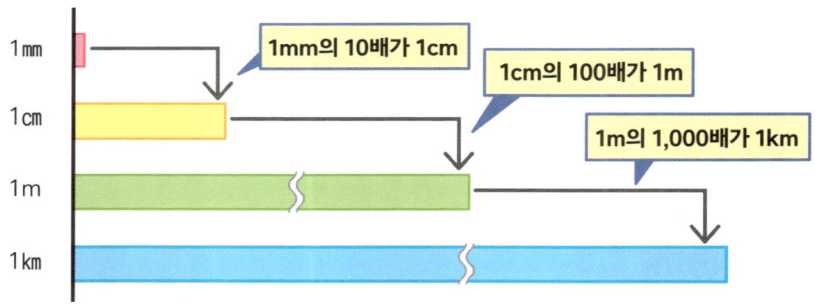

길이를 재는 도구

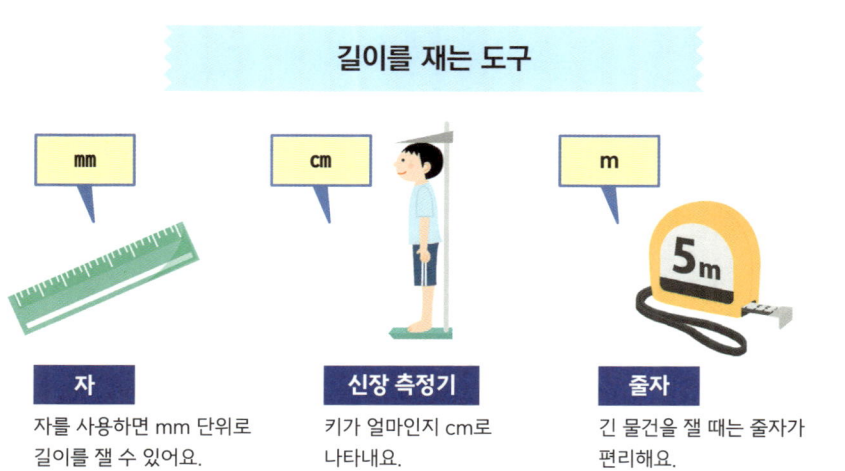

자
자를 사용하면 mm 단위로 길이를 잴 수 있어요.

신장 측정기
키가 얼마인지 cm로 나타내요.

줄자
긴 물건을 잴 때는 줄자가 편리해요.

 **산과 건물의 높이를 나타낼 때는 m를 사용해요**

높은 산이나 건물의 높이는 m를 사용해서 나타내요. 비교해 보면 역시 한라산이 높은 걸 알 수 있어요.

높이 249m — 63빌딩
높이 1,947m — 한라산
높이 555m — 롯데월드타워

 **아주 긴 거리를 나타낼 때는 km가 편리해요**

먼 거리를 달리는 자동차의 도로 표지판은 km를 사용하고, 사람이 걸어서 이동하는 역 안내판은 m를 사용하고 있어요.

도로 표지판
각 장소까지 남은 거리를 알려 주는 표지판

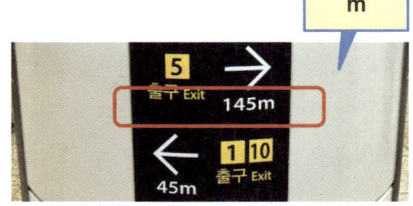

지하철역의 안내판
지하철역 출구까지 거리를 알려 주는 안내판

피트(ft), 인치(in), 야드(yd)

길이의 단위 2

길이를 나타내는 단위로 피트, 인치, 야드를 쓰는 나라도 있어요

피트(ft) 인치(in)

피트와 인치는 야드파운드법(imperial units)의 길이 단위로, 1피트는 약 0.3m예요. 고대 이집트에서 '사람의 발 크기'를 기준으로 사용했던 단위가 영국으로 전해졌다고 해요.

1인치는 2.54cm예요. 인치는 '엄지손가락의 폭'이 기준이라고 해요.

1959년에 모든 나라가 똑같이 사용할 '국제 피트 인치'를 정했답니다.

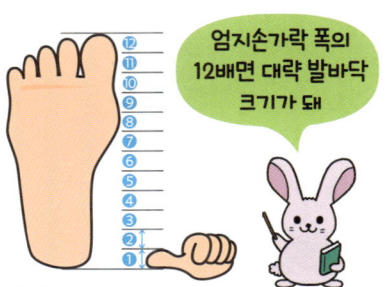

엄지손가락 폭의 12배면 대략 발바닥 크기가 돼

1인치 = 2.54cm
1피트 = 12인치 = 약 0.3m

야드(yd)

1야드는 미터로는 약 0.9m이고, 피트로는 3ft입니다.

전해지는 이야기로는, 팔 길이의 2배(더블 큐빗)를 1야드로 정했다고 해요. 한편, 영국 왕 '헨리 1세의 코끝에서 앞으로 뻗은 팔의 엄지손가락 끝까지의 길이'를 1야드로 정했다는 이야기도 있답니다.

헨리 1세

어느 쪽이 진짜인지는 알 수 없지만, 옛날에는 사람 몸의 일부를 길이의 기준으로 정했다는 사실을 알 수 있답니다.

이런 곳에 사용하고 있어요

자전거 타이어 크기는 인치

비행기 고도는 피트

비행기
약 33,000피트

헬리콥터
약 1,700피트

골프장의 거리는 야드

우리 주위에서는 정말 여러 가지 단위가 있어!

1m는 어떻게 정한 걸까?

1799년에 1m를 '북극에서 적도까지 거리의 1,000만분의 1'로 정하고, 전 세계 사람들이 같은 기준으로 1m를 잴 수 있도록 금속으로 '미터원기'라는 자를 만들어 세계 곳곳에 나누어 주었어요.

1983년에는 더욱 정확한 1m를 구하기 위해 '빛이 진공 속을 2억 9,979만 2,458분의 1초 동안에 지나가는 거리'로 정했어요.

북극에서 적도까지 거리의 1/1,000만 (= 자오선의 1/4,000만)을 1m로 정했어요

북극점

적도

면적의 단위 1

제곱미터 (m²)

m²는 가로와 세로의 길이를 곱한 넓이의 단위예요

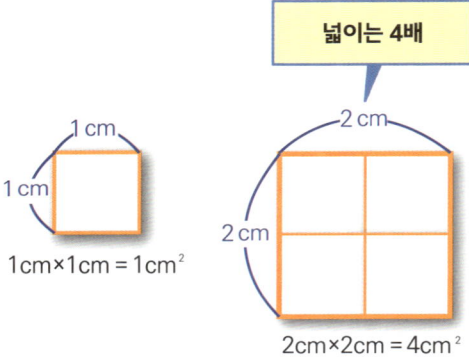

가로의 길이와 세로의 길이를 곱하면 넓이가 돼요. 넓이를 면적이라고도 하죠. 예를 들어 한 변의 길이가 1cm인 사각형의 경우, 한 변의 길이를 2배로 해서 2cm가 되면 넓이는 2×2로 4배가 돼요.

한 변이 10배가 되면 넓이는 100배가 돼요

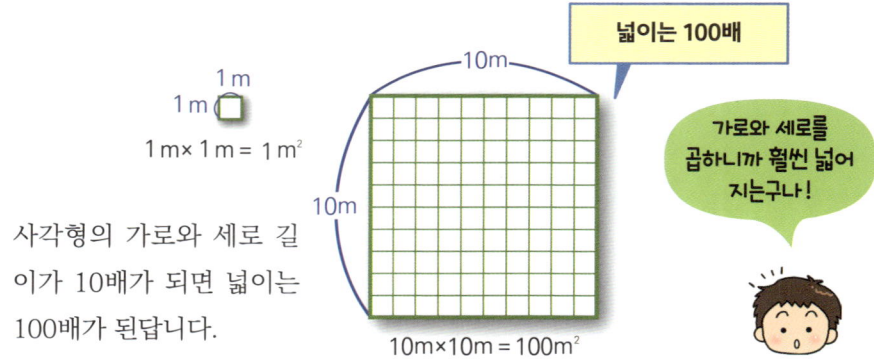

사각형의 가로와 세로 길이가 10배가 되면 넓이는 100배가 된답니다.

이런 곳에서 볼 수 있어요

부동산

부동산을 표시할 때는 집의 넓이를 나타내기 위해 m²를 사용해요.

페인트 통

페인트 통에는 한 통으로 어느 정도의 넓이를 칠할 수 있는지 m² 단위로 표시되어 있어요.

넓이(면적) 비교

9,834,000km² — 미국

100,431km² — 대한민국

243,600km² — 영국

75,469m² — 잠실올림픽주경기장

세계 각 나라의 면적을 비교하면, 우리나라는 세계에서 108번째로 큰 면적을 갖고 있지

면적의 단위 2

아르(a), 헥타르(ha), 평

'100배씩 커지는' 단위라고 기억하세요

아르(a)

a는 산과 밭 등 넓은 면적에 사용해요. 1a는 한 변이 10m인 정사각형의 면적이고 탁구대 24개의 넓이랍니다.

헥타르(ha)

ha는 a보다 더 넓은 면적을 나타내는 단위예요. 한 변이 100m인 정사각형의 넓이를 a라고 하며, 1a의 100배예요.

제곱킬로미터(km²)

한 변의 길이가 1km인 정사각형의 넓이를 1㎢라고 해요. 이것은 1ha의 100배 크기입니다.

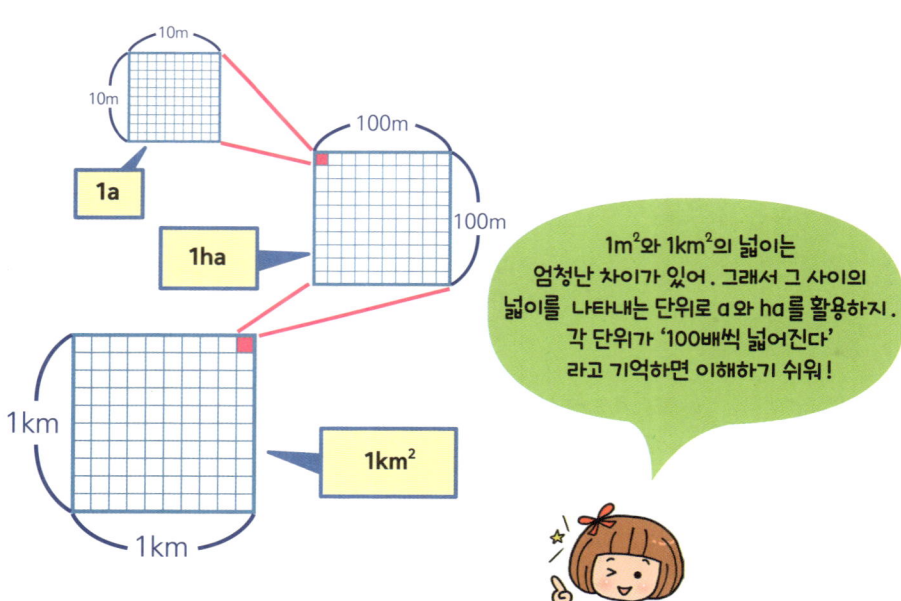

$1m^2$와 $1km^2$의 넓이는 엄청난 차이가 있어. 그래서 그 사이의 넓이를 나타내는 단위로 a와 ha를 활용하지. 각 단위가 '100배씩 넓어진다'라고 기억하면 이해하기 쉬워!

1평 = 3.3m²
부동산을 표시할 때 자주 사용하는 단위예요

1평은 3.3m²로 건물이나 토지의 넓이를 나타내기 위해 사용했어요.

전용면적	49.4708㎡
주거공용면적	16.1244㎡
공급면적	65.5952㎡
기타공용면적	25.4754㎡
총면적	91.0706㎡

1평 = 약 3.3m²

평은 척관법에서 사용하는 단위로 한 평은 6자 × 6자이야. 지금은 토지와 집의 정식 거래에 m²(제곱미터)를 사용해

조선시대 토지 측정 방법

조선 초기에는 논과 밭의 길이를 재는데 '수지척'이라는 방법을 썼어요. 수지척이란 손가락의 폭을 기준으로 한 측정법으로, 손가락 20개의 폭을 상전척, 25개의 폭을 중전척, 30개의 폭을 하전척이라고 정해 놓고 그 기준으로 길이를 측정했다고 합니다. 손가락의 폭은 사람마다 달라서 기준이 정확하지 않았지만, 누구나 쉽게 이용할 수 있는 장점이 있어서 이러한 방법을 사용했어요. 이후에 세종대왕이 단위를 통일하기 위해 전국에서 주척(중국 주나라 때부터 사용하던 20cm의 자)을 사용해 백성들이 공정하고 정확하게 세금을 낼 수 있도록 했어요. 경국대전의 기록에 따르면, 이 측량 방법은 조선 말까지 사용했다고 나와 있답니다.

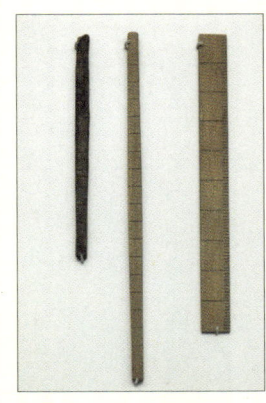

모두 같은 자를 사용해 공정한 세금을 낼 수 있게 했어요.

부피의 단위 1

세제곱미터 (m³)

각 변이 1m인 입체 크기를 1m³라고 해요

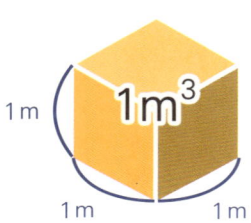

'가로×세로×높이'로 구할 수 있는 입체의 크기를 '부피'라고 해요. m³은 m(미터)로 만들어진 부피의 단위로, 세계 대부분의 국가에서 사용해요. 한 변의 길이가 cm, km라면 부피는 cm³(세제곱센티미터), km³(세제곱킬로미터)가 됩니다.

부피의 단위

1 cm³ — 1cm, 1cm, 1cm

1000 cm³ — 10 cm, 10 cm, 10 cm

1 m³ — 1 m, 1 m, 1 m

1 km³ — 1 km, 1 km, 1 km

한 변의 길이가 10배가 되면, 부피는 10배가 아니라 1,000배가 되는구나!

이런 경우에 m³를 사용해요

가스계량기

수도계량기

가스계량기와 수도계량기는 가스와 수돗물의 사용량을 표시하기 위해 m³를 사용해요. 집에 있는 계량기를 살펴봅시다.

도대체 얼마나 큰 걸까?

고척돔 약 1,645,000m³

거대한 건축물은 크기가 잘 가늠이 안 되죠. 우리나라 최초 돔구장인 고척돔을 기준으로 유명한 산과 건축물의 크기를 비교해 봅시다. 고척돔의 크기는 2.9ha로 높이를 곱해서 크기를 계산해 보면 대략 1,645,000m³예요.

한라산
약 985km³(고척돔의 약 60만 개 크기)

쿠푸왕의 피라미드
약 2,350,000m³(고척돔의 약 1.4개 크기)

부피의 단위 2 — 리터(L), 데시리터(dL), 씨씨(cc)

액체를 잴 때는 L, dL, cc 라는 단위를 사용해요

리터 (L)

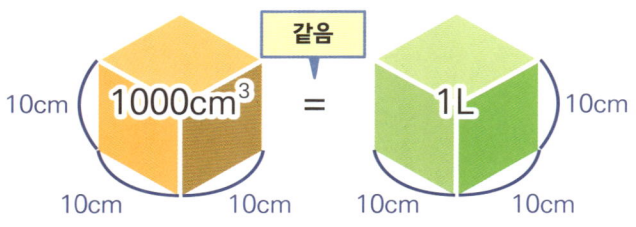

10cm · 1000cm³ = 1L · 10cm · 10cm · 10cm · 10cm · 10cm

액체의 부피를 나타내는 단위예요. 미터법이 만들어진 18세기 말 프랑스에서 사용되기 시작했어요, 1L는 1,000cm³와 같은 크기예요.

1L는 1,000cm³와 같은 크기예요.

주유소에 가게 된다면 한번 잘 살펴봐

주유소는 휘발유의 양을 L(리터)로 표시해요.

휘발유 측정량

데시리터 (dL)

1dL는 1L의 10분의 1

= 1L 같다

1L 는 1,000mL (밀리리터) 와 같아요

1mL는 1L의 1,000분의 1이에요. 편의점이나 슈퍼마켓의 음료수에 흔히 사용하는 단위랍니다.

1,000mL와 같아요. 우유 팩에는 1L의 우유가 들어있어요

페트병의 주스와 차 — 500mL

작은 페트병 — 350mL

빨대를 꽂아 마시는 종이 팩 주스와 차 — 200mL

cc 는 요리에서 많이 사용하는 단위예요

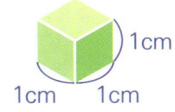

1 cc = 1mL = 1 cm³

작은 계량스푼 1=5cc
큰 계량스푼 1=15cc

계량컵=200cc

15cc는 15mL와 같은 양

cc와 mL는 같은 양이지만 표현만 달라요. 요즘은 전 세계적으로 mL를 더 많이 사용해요.

1 L = 1000mL = 1000cc

갤런 (gal), 배럴 (bbl)

부피의 단위 3

미국이나 영국 등에서 부피를 나타내는 단위

갤런 (gal)

야드파운드법에서 사용하는 부피 단위예요. 미국이나 영국에서 음료수나 기름의 양을 표시할 때 사용해요.
미국에서는 1갤런=약 3.8L, 영국에서는 1갤런=약 4.5L로 서로 다르답니다.

미국 : 1갤런 한국 : 1L 팩 X 3.8

미국에서는 우유나 주스를 큰 용기에 팔고 있구나!

미국
1갤런=약 3.8L

영국
1갤런=약 4.5L

배럴 (bbl)

전 세계적으로 휘발유를 거래할 때 사용하는 부피의 단위랍니다.
미국에서 채취한 원유를 담는 '통'을 가리키는 말이고, 그 나무통 하나에 들어가는 원유의 양이 42갤런이에요. 그래서 1배럴은 42갤런이 되었어요.

세계 공통 석유용 1배럴=약 159L

미국
1배럴=약 119L

영국
1배럴=약 164L

무게의 단위 1: 킬로그램 (kg)

무게의 단위 g(그램)은 여러 곳에서 볼 수 있어요

밀리그램 (mg)

1mg은 1g의 1,000분의 1로, 쌀 한 톨은 약 20mg에 해당돼요. 음료수처럼 마실 것에 포함된 영양성분도 mg으로 표시해요.

소금 등 상당히 가벼운 것을 잴 때 사용해요.

그램 (g)

1g은 1mg의 1,000배. 보통 식재료는 그램 단위로 팔아요.

슈퍼마켓에서는 고기를 그램 단위로 팔고 있어요.

킬로그램 (kg)

1kg은 1g의 1,000배. 몸무게나 농작물 등, mg이나 g보다 더 큰 무게를 잴 때 사용해요.

승객·화물용
2500 kg
38 명

엘리베이터의 중량 제한은 kg으로 표시해요.

mg 부터 단위가 바뀌면 1,000배씩 커지는구나!

1mg의 1,000배가 1g

1g의 1,000배가 1kg

1,000배

1,000배

1mg   1g   1kg

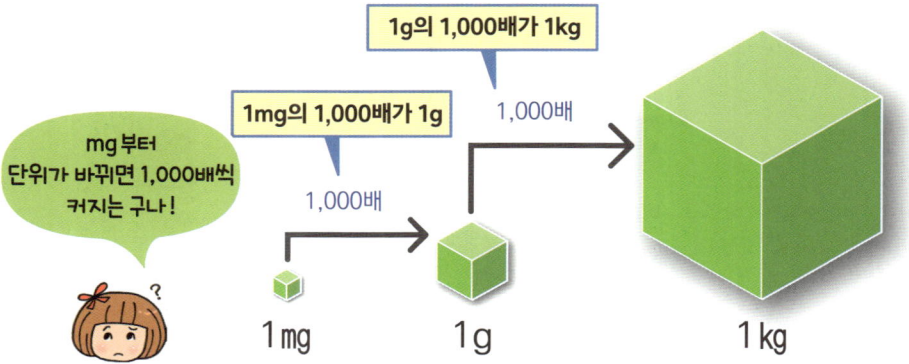

1kg은 1L의 물의 무게와 같아요

kg은 18세기 말 프랑스에서 여러 조건을 세밀하게 설정한 뒤 물 1L의 질량을 재어 1kg을 정했고, 그와 같은 무게의 추를 만들었어요. 1889년에는 더 정확한 1kg을 정하기 위해 이전에 사용하던 추를 버리고 다시 1kg의 국제적인 기준인 '킬로그램 원기'라는 추를 만들었답니다. 하지만 만들고 100년이 지난 뒤, 정확하다고 생각했던 원기의 질량이 약간씩 변한다는 것을 알게 되었어요. 그래서 2019년 국제회의에서 정밀한 실험으로 측정한 물질의 기본적인 수치를 사용해 계산한 값으로 1kg을 정했고, 킬로그램 원기는 더 이상 사용하지 않게 되었어요.

킬로그램 원기

기원전 3,000년경에는 보리의 무게가 단위의 기준이었어요

지금으로부터 5,000년 전 기원전 3,000년경 고대 메소포타미아 지방에서는 보리를 많이 먹었다고 해요. 이때 자주 먹던 보리의 양으로 정한 단위가 '셰켈'이랍니다. 보리 180알의 무게가 1셰켈로 은이나 소, 양을 거래할 때 셰켈로 무게를 재었다고 합니다.

셰켈의 무게는 시대에 따라 변했어요. 그러던 중 기원전 600년경 리디아라는 나라의 국왕 크로이소스가 1셰켈의 무게를 이용해 셰켈이라는 화폐를 만들었다고 해요.

무게의 단위 2 — 톤 (t)

1kg 의 1,000배의 무게가 1t 이에요

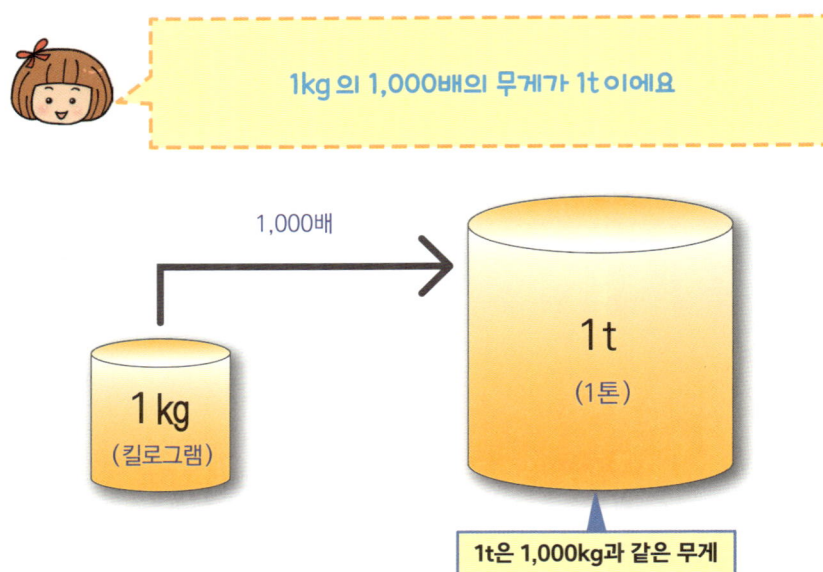

1t은 1,000kg과 같은 무게

톤(t)은 와인 한 통의 무게에서 시작되었다는 것, 알고 있나요?

t(톤)은 옛 프랑스어로 'tonne'라고 적는데 와인을 담는 '나무통'이라는 의미가 있어요. 옛날에는 와인이 가득 찬 통 하나의 무게를 1톤이라 부르며 유럽 각 나라의 무역에 사용했어요. 이제는 미터법을 쓰게 되어서 1t=1,000kg이라고 정했답니다.

SI 단위계에서는 1t을 원래 1Mg(메가그램)이라고 해야 하지만 예전부터 1t을 많이 사용하고 있어서 1Mg이라고는 적는 경우는 거의 없어

톤(t)은 이런 곳에 사용해요

트럭의 종류를 나눌 때 '4톤 트럭', '10톤 트럭'이라고 부르는데, 이때 톤은 트럭에 실을 수 있는 물건의 무게를 가리켜요. 배도 역시 t으로 나타내요. 배 전체의 용적을 가리키는 '총톤수', 최대 적재량을 나타내는 '적재 화물량 톤수'로 어떤 배인지 표시해요.

4톤 트럭

10톤 트럭

탱크선
석유 운반선은 20만~30만 t급(총톤수)을 주로 사용해요.

가게의 '저울'이 올바른지 법으로 검사하게 되어 있어요

물건을 재는 것을 '계량한다'라고 해요. 가게에서 물건을 정확히 계량하려면 올바른 저울을 사용해야겠지요. 저울을 구매하면 이 저울이 올바른지 검사한 결과를 알려주는 증명 스티커가 붙어 있답니다. 또 구매했던 저울도 시간이 지나면 조금씩 틀어지기 때문에 주기적으로 검사하고 정기검사필증을 받아야 합니다.

검정필증

무게의 단위 3 — 온스(oz), 파운드(lb)

다른 나라에서 무게에 사용하는 단위를 알아볼까요?

온스(oz)

야드파운드법에서 사용하는 무게의 단위로, 1온스는 약 28g예요. 온스는 고대 메소포타미아의 보리 1알의 무게인 '그레인'이라는 말에서 왔답니다. 그레인은 야드파운드법에서 사용하는 최소 단위로 1그레인=약 0.065g예요. 즉 437.5그레인=1온스예요.

향수 등 적은 양에 사용하는 단위

파운드(lb)

1파운드=16온스=약 454g입니다.
로마 시대에는 사람이 하루에 먹을 수 있는 보리의 양을 1파운드라고 했어요. 이후에 로마에서 영국으로 전해져, 여왕 엘리자베스 1세 시대에는 7,000그레인이 1파운드로 정해졌답니다.

스테이크 1파운드 다 먹을 수 있겠어?

1파운드=어른 한 명이 하루에 먹을 수 있는 빵을 만드는데 필요한 보리의 양

위도가 달라지면 무게가 달라진다고?

여러분은 무게를 나타내는 단어로 '질량'과 '중량'이 있다는 것을 알고 있나요? 둘 다 무게를 나타내지만 실제로는 조금 차이가 있어요.

질량이란 물체가 우주 어디에 있어도 변하지 않는 물체 자체의 양을 가리키는데, 단위는 kg(킬로그램)입니다.

중량은 어떤 물체가 특정 장소에서 받는 힘을 뜻하며, 지구의 인력과 원심력에 따라 달라져요. 중량의 단위는 N(뉴턴)이에요. 개념이 어려울 수 있으니까 한 가지 예를 들어볼게요.

북극과 남극에서는 인력과 원심력 때문에 중량이 늘고, 적도에서는 중량이 줄어요. 만약 체중이 60kg인 사람이 북극에서 적도로 이동하면 체중(중량)이 300g이 줄지만, 질량은 바뀌지 않아요.

시간의 단위

초, 분, 시, 일, 월, 년

60초는 1분, 60분은 1시간, 1일은 24시간이에요

초와 분 단위는 60을 하나의 덩어리로 보는 60진법을 사용해요 1일의 길이는 24시간이고, 시계는 24시간을 오전과 오후 둘로 나누어 12시간씩 표시합니다.

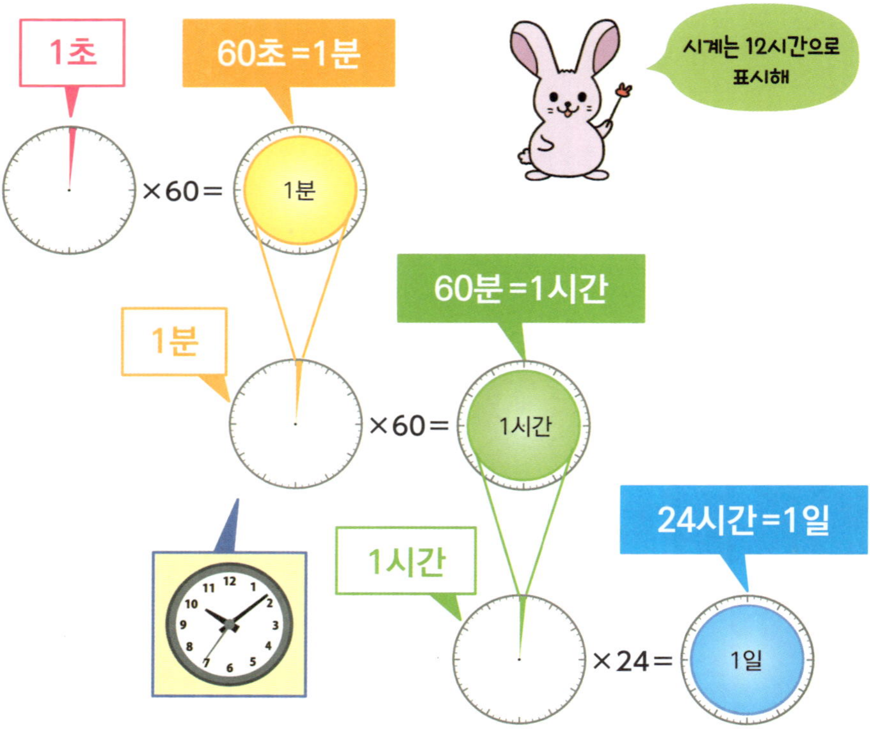

1초

60초=1분

시계는 12시간으로 표시해

×60= 1분

60분=1시간

1분

×60= 1시간

24시간=1일

1시간

×24= 1일

1년은 365일이지만 4년에 한 번 366일이 되는 해가 있어요

2월을 빼고 한 달의 날수는 30일이나 31일 중 하나예요. 2월만 한 달의 날수가 28일이라서 모두 합치면 1년은 365일입니다. 4년에 한 번 윤년이 돌아오는데, 이때 2월의 날수가 29일로 하루가 늘어 1년의 날수가 366일이 돼요.

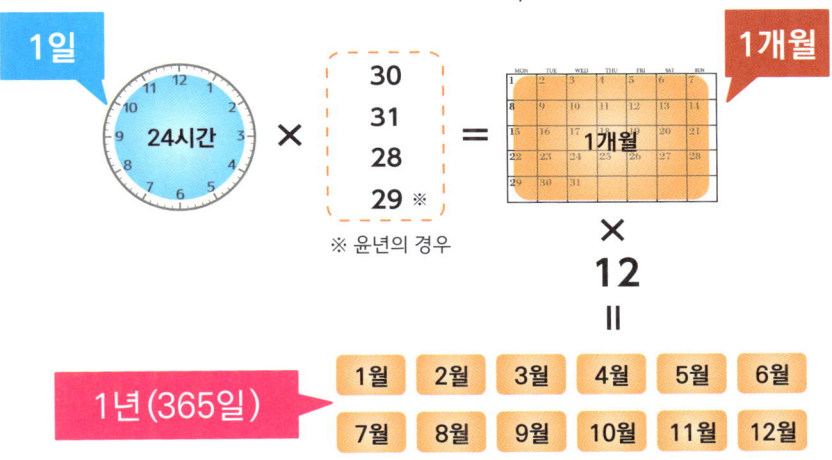

손등의 골을 이용해 한 달의 날수를 셀 수 있어요

주먹을 쥐면 손등 쪽에 마루와 골이 생겨요. 이 마루와 골을 차례대로 세어가면 1월, 3월, 5월, 7월은 마루가 되고 2월, 4월, 6월은 골이 됩니다. 마루인 1, 3, 5, 7월은 한 달이 31일이고 다른 달들은 그보다 짧아 28일이나 30일이 돼요. 7월까지 센 뒤 8월부터는 다시 거꾸로 세어서 8월(마루), 9월(골), 10월(마루), 11월(골), 12월(마루)이 되는데, 이렇게 하면 8월, 10월, 12월이 31일이라고 기억할 수 있어요.

시간을 정하는 법

인간은 어떻게 시간을 재었을까?

6,000년 전 이집트에서는 해시계를 이용했어요

6,000년 전 이집트에서는 땅에 막대기를 세우고 태양이 지면에 만드는 그림자의 이동으로 시간을 재는 해시계가 있었어요.

기원전 3,000년경에는 해가 뜨고 지는 시간 사이를 12개로 나누어 시간을 쟀답니다. 이것이 지금 우리가 사용하는 시계의 기원이라고 해요.

오벨리스크라고 부르는 커다란 돌탑은 해시계로 사용했어요.

흐르는 물을 이용해 시간을 재기도 했어요

물시계는 위에서 아래로 흐르는 물의 성질을 이용해 시간을 재는 도구예요. 이미 기원전부터 이집트 등에서 사용했다고 합니다. 우리나라에도 유명한 물시계인 '자격루'가 있어요. 조선시대 세종 때, 장영실이라는 학자가 만들었어요. 시각에 따라 종이나 북, 징이 울리고 나무로 만든 인형이 나타나 현재 시각을 알려 주었다고 하니 정말 놀라워요.

하루에 0.2초밖에 어긋나지 않는 쿼츠 시계의 등장

석영을 영어로 '쿼츠'라고 해요. 석영에 전압을 걸면 일정한 주파수로 떨린답니다. 이 떨림을 계산해서 1초를 재고 이에 맞춰 바늘이나 화면의 숫자를 조정하는 것이 쿼츠 시계예요.

1923년 미국에서 이 원리를 이용해 시계와 비슷한 것을 만들었어요. 당시에는 크기가 탱크만 했다고 해요. 최초의 쿼츠 시

1969년 발매된 세계 최초 쿼츠 손목시계

계는 1927년 미국 벨 연구소에서 만들었답니다.

쿼츠 시계 바로 전에는 태엽을 감아서 시계를 가게 했어요. 이런 시계를 기계식 시계라고 해요. 쿼츠 시계는 기계식 시계보다 정확하면서 사용하기 편리하고 가격이 저렴해 지금은 거의 모든 시계가 쿼츠 시계랍니다.

세슘 133 원자로 측정한
더 정확한 1초가 국제 단위가 되었어요

원자가 특별한 상태로 변할 때 만들어지는 주파수로 시간의 기준을 삼는 게 원자시계예요. 1967년에 세슘 133 원자가 만드는 전자파를 기준으로 한 1초가 국제 단위로 지정되었어요. 이 1초는 세슘 133 원자가 91억 9,263만 1,770번 전자파를 내는 시간이랍니다.

1984년부터 1933년까지 사용된 세슘 원자시계의 공진부

방사선을 내는 세슘도 있지만 세슘 133은 방사선을 내지 않는 안정적인 원자야. 부드러운 금속으로 체온 정도의 온도에 녹아버리지. 물과 반응하면 폭발하니까 주의해서 취급해야 하는 물질이야

각도의 단위 — 도(°)

각도기 가지고 있나요?
삼각형과 사각형의 각도 단위가 '도'예요

각도기를 사용해서 삼각형이나 사각형의 각도를 조사해요. 각도기 아래의 중심에 재고 싶은 각을 맞추고, 각의 오른쪽에 놓을 때는 각도기의 오른쪽 숫자를, 왼쪽에 놓을 때는 각도기의 왼쪽 숫자를 읽어요.

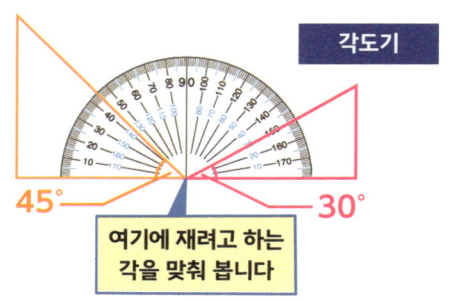

각도기

45°   30°

여기에 재려고 하는
각을 맞춰 봅니다

언제나 각도가 일정한 도형

공책이나 색종이의
모서리 같은 깔끔한 사각형은
직각이야

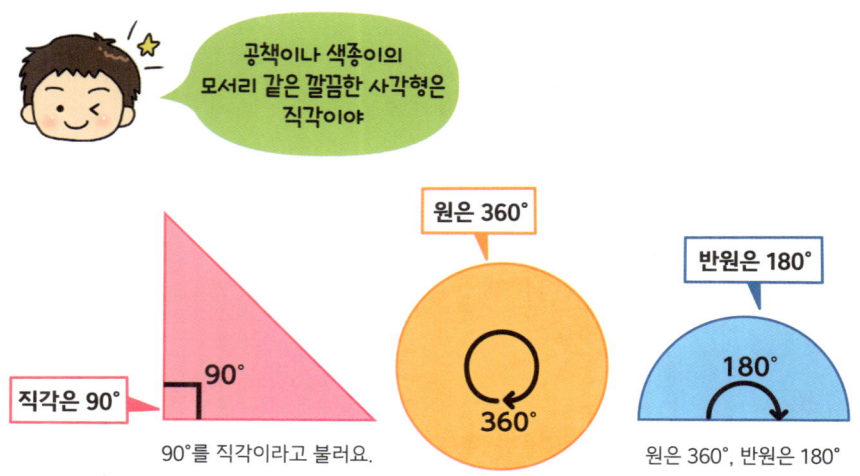

직각은 90°   90°
90°를 직각이라고 불러요.

원은 360°
360°

반원은 180°
180°

원은 360°, 반원은 180°

삼각형과 사각형의 내각의 합은 언제나 같다는 것 알고 있나요?

삼각형 내각의 합은 180도

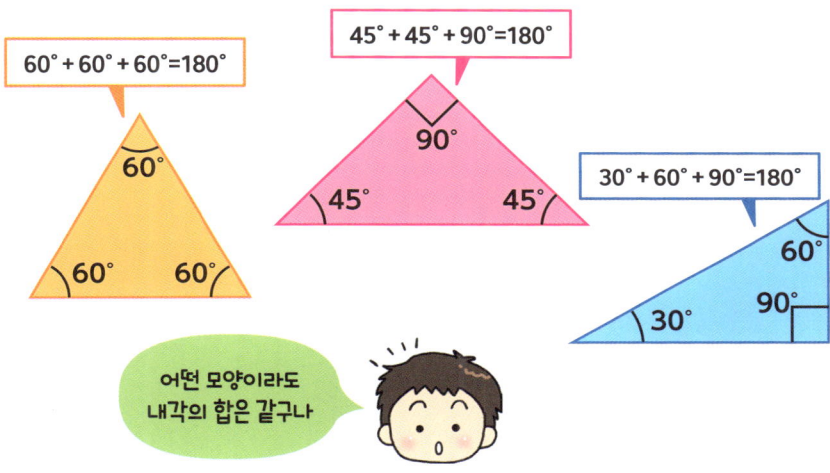

어떤 모양이라도 내각의 합은 같구나

사각형의 내각의 합은 360도

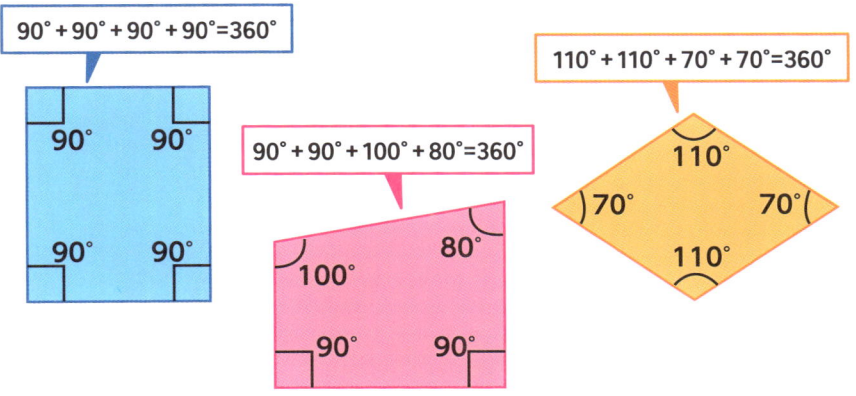

퍼센트 (%)

비율의 단위

크기와 양을 비교할 때 편리한 것이 퍼센트(%)라는 단위예요

100%
비교하는 대상

퍼센트는 크기를 비교할 때 사용하는 단위예요. 한쪽의 크기를 100으로 하고 그 100에 대해 얼마나 큰지 작은지를 나타내요.

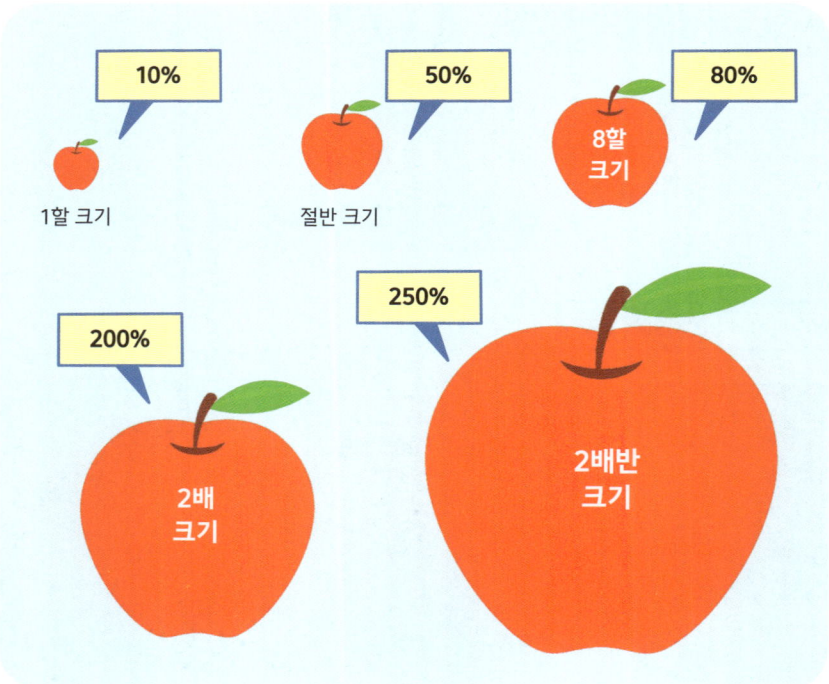

10% — 1할 크기
50% — 절반 크기
80% — 8할 크기
200% — 2배 크기
250% — 2배반 크기

'1,800의 15%'를 묻는 문제가 있다면 어떻게 계산하는 게 좋을까요?

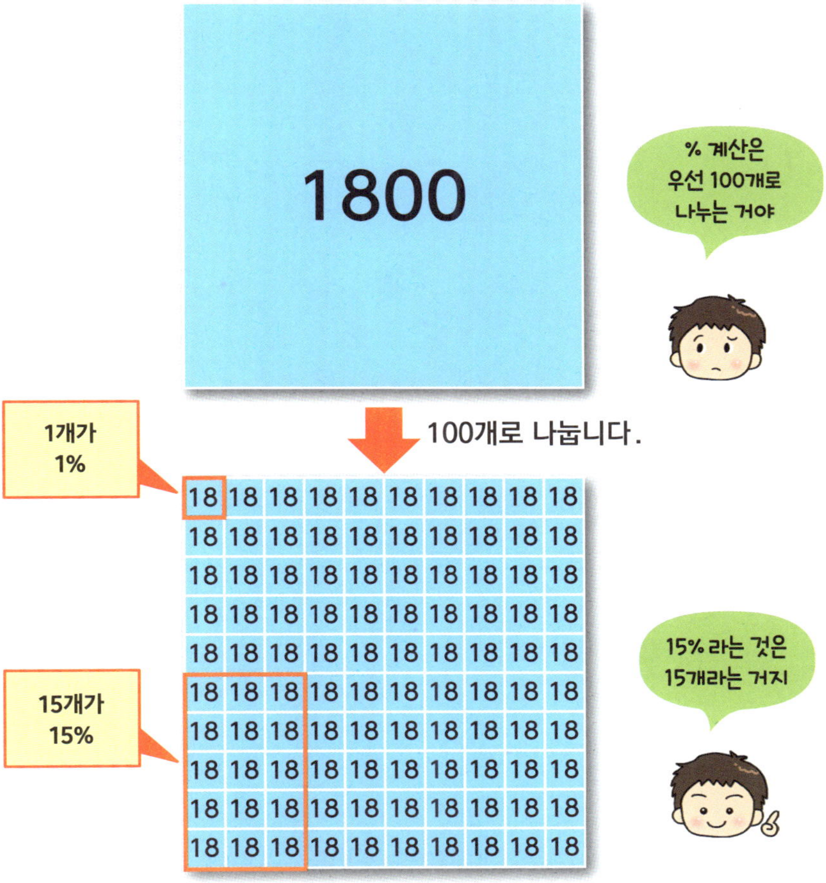

1800

% 계산은 우선 100개로 나누는 거야

100개로 나눕니다.

1개가 1%

15개가 15%

15%라는 것은 15개라는 거지

 답 1800÷100 = 18, 18×15 = 270
그러니까 1,800의 15%는 270이 정답!

북극(S극)

남극(N극)

번개 발생

제3장
우주와 지구의 단위

지구와 우주를 알기 위한 단위를 모았어요. 천문의 단위를 이해하면 지구와 우주의 모습을 더 잘 이해할 수 있답니다. 우주가 얼마나 커다랗고, 얼마나 신비로운지 깨달을 수 있을 거예요.

| 천문의 단위 1 | # 천문단위 (au), 광년 (ly), 파섹 (pc) |

천문단위는 광대한 우주의 거리를 측정하기 위한 단위예요.

밤에 하늘을 올려다 보면 많은 별들이 눈에 들어오죠. 그 별은 지구에 살고 있는 우리가 상상할 수 없을 정도로 먼 곳에서 빛나고 있어요. 빛의 속도로도 아주 오랜 시간이 걸려야 겨우 지구까지 도달할 수 있는 엄청난 거리예요. 이렇게 넓은 우주를 측정하기 위해서 천문단위 'au', 광년 'ly', 파섹 'pc'이라는 단위를 쓴답니다.

천문단위는 화성과 목성 등 비교적 지구와 가까이 있는 천체에 사용해요. 광년은 빛의 속도를 이용한 거리로 먼 거리에 있는 천체에 사용하는 단위예요. 파섹도 광년처럼 먼 거리에 있는 천체와의 거리를 나타내는 데 사용하는 단위랍니다.

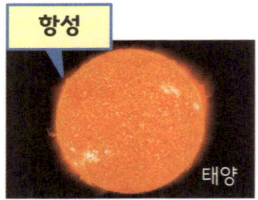

항성 / 태양
스스로 빛을 내는 별이에요.

행성 / 지구
항성 주위를 돌면서 빛을 내지는 않은 별. 지구도 행성 중 하나예요.

태양계
태양과 태양의 주위를 도는 행성을 모아 태양계라고 불러요. 지구도 태양계에 속해 있어요.

성운 / 오리온 대성운 (M42)
가스 덩어리로 되어 있어 흐릿한 구름처럼 보여요.

성단 / 헤라클레스자리 구상성단 (M13)
같은 장소에서 태어난 별들의 집합이에요. 별의 개수가 10개 정도부터 100만 개 정도의 성단까지 여러 가지가 있어요.

은하 / 안드로메다은하 (M31)
항성과 가스 등이 모여있고 별의 개수는 1,000만 개부터 100조 개예요. 소용돌이 형태가 유명해요.

태양과 지구의 거리는 1천문단위예요

천문단위는 태양과 지구 사이의 거리를 1이라고 하는 단위로, 1천문단위는 약 1,500억 km이에요. 지구는 태양 주위로 원을 그리며 돌고 있는 행성이지만, 지구 외에도 화성이나 목성 등 다른 행성도 태양 주위를 돌고 있어요. 또 작은 암석 같은 천체도 있답니다. 이렇게 태양의 주위를 도는 천체를 모두 합쳐서 태양계라고 불러요. 천문단위는 태양부터 지구까지 거리를 기준으로 표시하기 때문에, 태양계 안에 있는 천체의 거리를 나타내는 데 자주 사용해요.

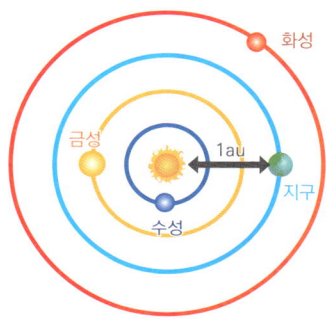

빛이 1년 동안 나아가는 거리를 광년이라고 불러요

빛에도 빠르기가 있다고 하면 신기하다고 생각하겠지만 실제로 빛은 속도가 있어요. 빛의 빠르기는 자그마치 30만 km/s라 1초에 30만 km를 이동할 수 있어요. 빛의 속도가 빠르기 때문에 빛의 빠르기로 넓은 우주를 측정하는 데 적합한 광년이라는 단위가 생겼어요. 광년이란 1년 동안 빛이 나아가는 거리로, 1광년은 약 9.5조 km예요. 빛의 빠르기를 측정하는 단위로는 파섹(PC)이라는 것도 있어요. 1파섹은 1조 km나 된답니다.

주요 항성까지의 거리

켄타우루스자리 알파성	4.3광년
큰개자리 시리우스	8.6광년
거문고자리 베가	25광년
오리온자리 베텔게우스	430광년
오리온자리 리겔	770광년

태양과 행성의 거리는 au로 표시해요

수성 0.4au
태양에 가장 가까운 행성. 태양계 행성 중에서 가장 작아요. 평균 온도가 179℃로 뜨거운 행성이에요.

목성 5.2au
태양으로부터 5번째로 가까이 있는 행성. 화성 바로 다음 궤도를 돌아요. 태양계 행성 중 가장 크고 가스로 되어 있답니다.

금성 0.7au
태양에 2번째로 가까운 행성으로 지구의 이웃이에요. 새벽샛별, 저녁샛별이라고도 해요.

토성 9.6au
목성보다 바깥쪽 궤도를 돌아요. 고리가 특징이고 목성처럼 가스로 되어 있어요.

화성 1.5au
지구의 바로 밖의 궤도를 돌아요. 붉은 표면이 특징이에요.

천왕성 30.1au
태양으로부터 7번째 궤도를 돌아요. 목성, 토성에 이어 3번째로 큰 행성이에요.

태양계는 은하계 속에 있어요

지구는 태양계에 포함되어 태양의 주위를 돌고, 태양계는 은하계라는 더 커다란 덩어리에 속해 있어요. 은하계는 많은 별이 모여 있고 긴 팔을 가진 소용돌이 모양을 하고 있어요. 태양계는 그 팔의 끝 쪽에 있답니다.

은하계의 지름 = 10만 광년
태양계
태양계부터 은하계의 중심까지 2만 6천 광년

우주에는 많은 은하가 있어요

우주에는 우리 태양계가 속한 은하계와 같은 종류의 은하가 아주 많아요. 은하계에는 수많은 별이 있는데, 그만큼 별이 많은 은하가 이 우주에 수없이 많이 있다니 정말 신기하죠?

다른 은하는 빛의 속도로도 몇만 년 떨어진 먼 곳에 있어요. 우리 은하계와 닮은 안드로메다은하는 250만 광년이나 멀리 있답니다. 가까이 있는 대마젤란성운도 16만 광년 떨어져 있어요.

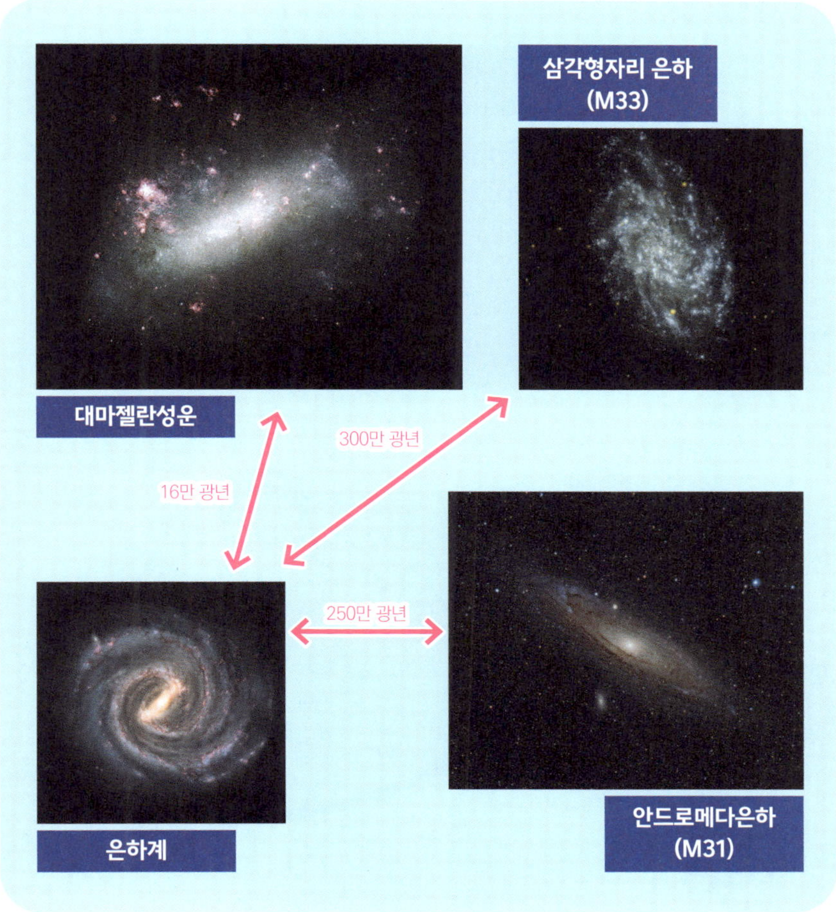

대마젤란성운

삼각형자리 은하 (M33)

300만 광년

16만 광년

250만 광년

은하계

안드로메다은하 (M31)

천문의 단위 2 — 등급

> 천문단위는 별의 밝기는 등급 단위로 나타내요

별의 밝기를 나타내는 단위가 등급이에요. 기원전 약 150년 고대 그리스에서 눈에 보이는 가장 밝은 별을 1등급, 어두운 별을 6등급으로 정했답니다. 그 이후 19세기에는 1등급부터 6등급까지 한 등급마다 밝기 차이가 2.5배가 되도록 정했어요. 1등급의 별은 6등급 별보다 100배 밝아요.

지금은 소수점도 사용하고, 1등급보다 더 밝은 별을 0이나 마이너스를 붙여서 표현하기도 하며, 6등급보다 어두운 별에는 더 큰 숫자를 이용해서 나타냅니다.

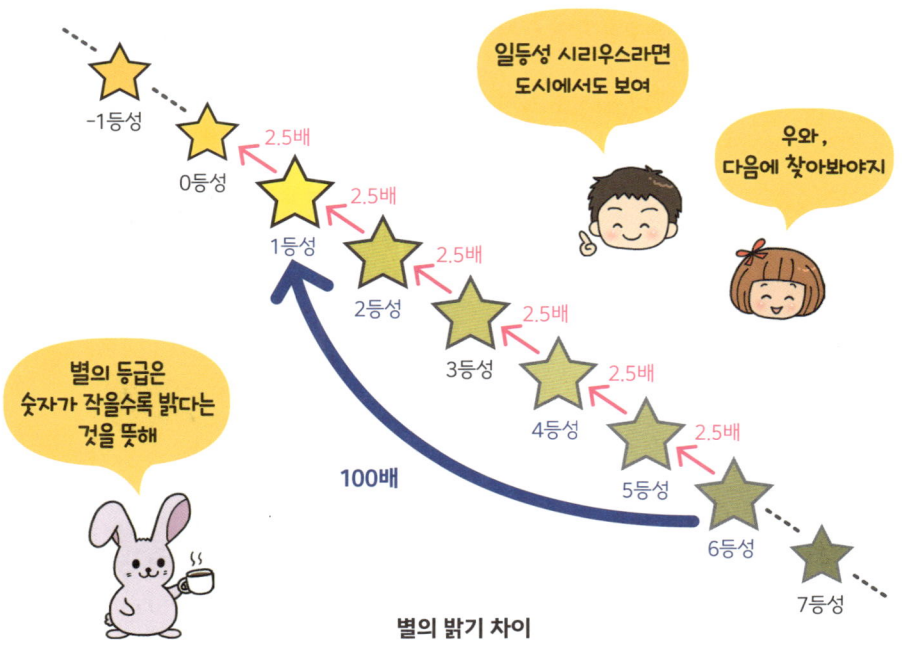

별의 밝기 차이

58

등급에는 겉보기 등급과
별 자체의 등급 2가지가 있어요

별의 등급에는 겉보기 등급과 절대 등급 2종류가 있어요. 겉보기 등급은 지구에서 봤을 때 얼마나 밝은가를 나타내고, 절대 등급은 별 그 자체의 밝기를 나타내요.

빛이 멀리 갈수록 어두워지듯, 별빛도 멀리 있는 별일수록 어두워요.

절대 등급은 별 자체의 밝기

겉보기 등급은 지구에서 보았을 때 별의 밝기를 나타내. 먼 별일수록 어둡게 보여

주요 별의 등급

절대 등급 4.82

태양의 겉보기 등급은 -26.7

절대 등급 0.6

베가의 겉보기 등급은 -0.03

절대 등급 -5.5

베텔기우스의 겉보기 등급은 0.42

절대 등급 -3.6

북극성의 겉보기 등급은 2.0

절대 등급 -1.46

시리우스의 겉보기 등급은 -1.4

절대 등급 -5.2

안탈레스의 겉보기 등급은 0.91

태양은 밝게 보이지만 절대 등급은 뜻밖에도 낮구나

방위의 단위

S극과 N극

지구의 자장을 이용해 남과 북을 알 수 있어요

여러분은 자석을 가지고 놀아 봤나요? 자석은 철 같은 금속에 가까이하면 달라붙는 성질을 가지고 있어요. 자석에는 N극과 S극이 있어서 N극과 S극을 가까이하면 달라붙고, N극과 N극 또는 S극과 S극을 가까이하면 서로 밀어내요.

지구는 하나의 커다란 자석이어서 나침반을 사용해 남북을 알 수 있어요. 북극은 S극, 남극은 N극의 성질을 띠죠. 나침반의 바늘은 자석이라 N극이 항상 북쪽을 가리킨답니다.

북극 (S극)

남극 (N극)

방위각은 방위에 따라서 16개의 부르는 이름이 있어요

방위는 북쪽을 위, 남쪽을 아래로 표시해요. 그러면 오른쪽이 동쪽, 왼쪽이 서쪽이 되죠.

그다음에는 북과 동의 가운데를 북동, 남과 동의 가운데를 남동, 남과 서의 가운데를 남서, 북과 서 가운데를 북서라고 불러요. 동북과 서남이 아니라 '북동', '남서'라고 하는데 북과 남을 항상 먼저 쓰게 되어 있답니다.

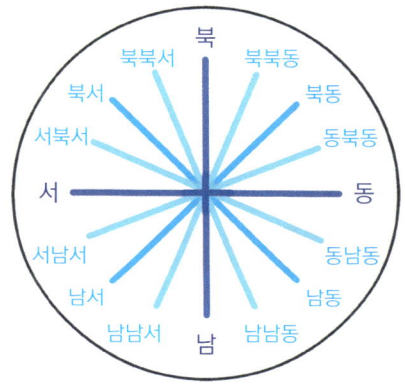

이처럼 8개의 방위로 표시하는 방법을 '8방위'라고 해요. 북과 북동의 사이를 북북동, 남과 남서의 사이를 남남서처럼 더 잘게 쪼개면 '16방위'가 됩니다.

나침반이 없을 때도 방위를 알 수 있어요

태양이 하늘에 떠 있다면 시계를 사용해 방위를 알아내는 방법이 있어요. 시계를 수평으로 들고 시계의 짧은 바늘이 태양을 향하게 해요. 이때 숫자 12와 짧은 바늘의 한가운데가 남쪽이에요.

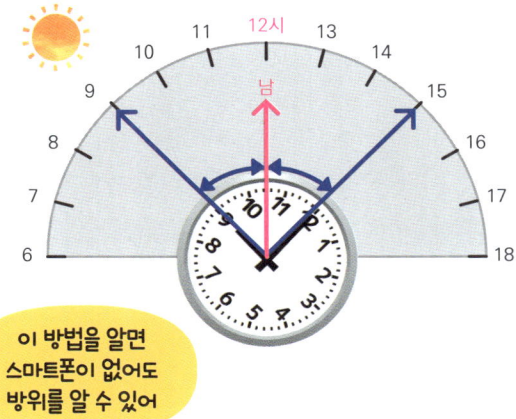

온도의 단위

절대온도(K), 섭씨(℃), 화씨(℉)

온도의 단위는 3가지가 있어요

섭씨(℃)

섭씨(℃)는 1기압에서 얼음이 녹는 온도를 0℃, 물이 끓는 온도를 100℃로 정한 온도 단위예요. 1742년 천문학자 안데르스 셀시우스가 고안했어요.

화씨(℉)

화씨(℉)는 얼음이 녹는 온도를 32℉, 물이 끓는 온도를 212℉로 정하고 그 사이를 180등분 한 온도로 물리학자 가브리엘 파렌하이트가 고안했어요.

절대온도(K)

열이 없어서 원자와 분자의 운동이 없어지는 절대 영도를 0K(켈빈)로 하는 온도의 단위예요. 물리학자 켈빈 경이 고안했고, 1960년부터 국제적인 SI 단위계가 되었어요.

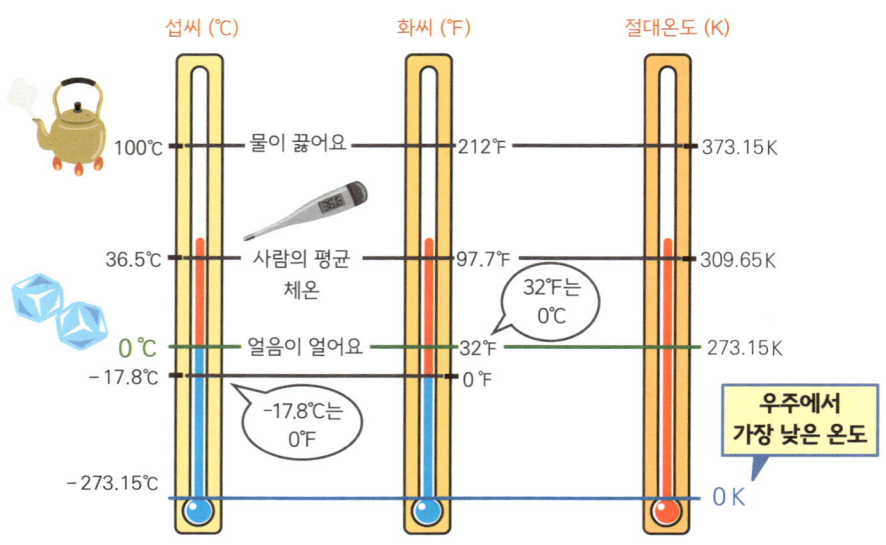

우리 주변의 온도를 측정하는 기구

체온

감기가 유행하면 매일 체온을 재고 학교에 가야 해

방의 온도

덕분에 따뜻한 물로 씻을 수 있어

보일러의 온도

기온

저 기상관측 상자 학교에서 본 적 있어!

고온과 저온의 세계

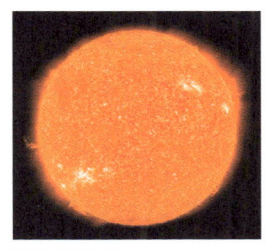

태양

태양의 표면 온도는 약 6,000℃. 태양을 둘러싼 코로나는 100만℃ 이상의 초고온이에요.

목성

목성 표면 온도는 마이너스 140℃로 극한 온도랍니다.

남극

남극에서 관측된 최저기온은 마이너스 98℃예요.

기압(hPA), 풍속(m/s)

 기압은 공기의 무게를 가리켜요

지구는 공기층으로 덮여 있어요. 그래서 지상에서 위로 가면 갈수록 공기가 적어지고 100km 정도의 높이에서는 공기가 별로 없답니다. 그 밖은 우주예요.

공기는 색이 없고 투명해요. 우리가 평소 생활을 할 때는 공기의 무게를 느낄 수 없지만 두꺼운 공기층은 그만큼의 무게를 가지고 있어서 아래로 누르는 힘이 생긴답니다. 이 힘을 기압이라고 해요. 대기의 기압을 특별히 대기압이라고 부르는데, 헥토파스칼(hPa)이라는 단위로 표시해요.

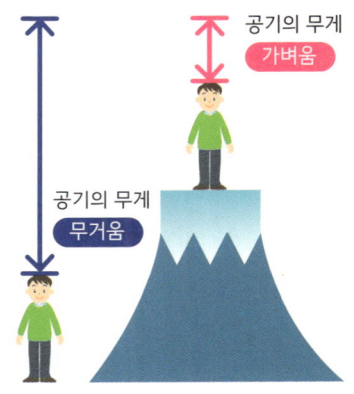

지구를 둘러싼 대기가 누르고 있어요.

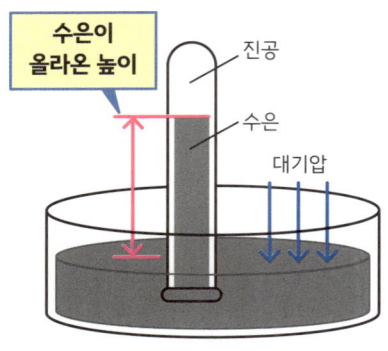

수은을 이용한 기압계의 원리

기압을 처음으로 잰 것은 17세기 이탈리아의 물리학자 토리첼리입니다. 그는 수은을 사용한 기압계를 만들어 측정했어요.

우선 진공 상태의 유리관을 왼쪽 그림처럼 수은을 채운 용기에 세웁니다. 공기의 무게로 용기의 수은이 아래로 눌려서 그 힘만큼 진공 유리관 속으로 밀려 들어갑니다. 유리관에 수은이 올라간 높이로 대기압을 알 수 있답니다.

태양이 바람을 만들어요

풍속이란 바람의 빠르기를 말해요. 속도의 단위인 m/s를 사용해 풍속을 나타내지요. 그런데 바람은 도대체 어떤 원리로 생겨날까요? 낮에는 태양이 육지를 따뜻하게 만들고, 따뜻해진 공기는 가벼워져서 위로 올라갑니다. 반면에 바닷물은 금방 따뜻해지지 않는 성질 때문에 육지에 비해 공기가 차가워요. 이 차가운 공기는 무거워서 아래로 내려갑니다.

낮에는 육지에서 공기가 위로 향하고, 바다에서는 공기가 아래로 이동하는데 이걸 '해풍'이라고 해요. 밤이 되면 반대로 바닷물 온도가 잘 내려가지 않아서 따뜻하고 육지가 금방 식어서 차가워지기 때문에 반대 방향인 '육풍'이 불어요.

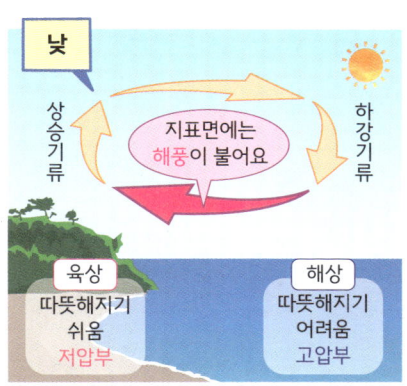
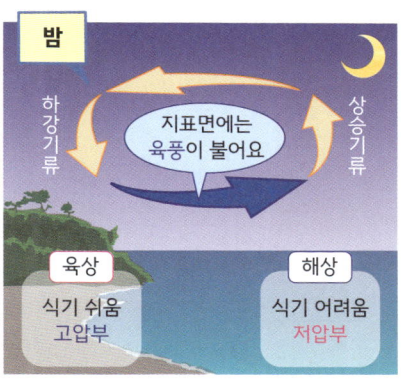

바람 세기의 기준

풍속이 10m/s를 넘으면 우산을 펴기 어려워요.

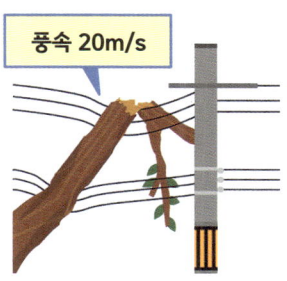

풍속이 20m/s가 넘으면 나뭇가지가 부러지거나 나무가 쓰러지기 시작해요.

풍속이 25m/s가 넘으면 달리고 있던 트럭이 넘어질 수도 있어요.

저기압과 고기압

기압의 차이가 날씨의 차이를 만들어요

일기예보에서 듣는 저기압, 고기압이란 뭘까?

일기예보에서 저기압, 고기압이라는 말을 들어 본 적 있나요? 저기압이라는 것은 말 그대로 주변보다 기압이 낮다는 뜻이에요. 저기압에서는 날씨가 나빠진답니다. 고기압은 반대로 기압이 높다는 의미예요. 당연히 고기압에서는 날씨가 맑아져요.

앞에서 기압은 공기의 무게라고 했는데, 사실 기압은 어디나 똑같지 않고 장소에 따라 차이가 있답니다. 아래 지도를 '일기도'라고 해요. 기압이 같은 장소를 선으로 이어 놓았어요. 그래서 이 지도를 보면 기압이 주위보다 낮은 저기압과 높은 고기압이 어디에 있는지 알 수 있어요.

일기도를 보면 날씨가 변해가는 모습을 알 수 있어요

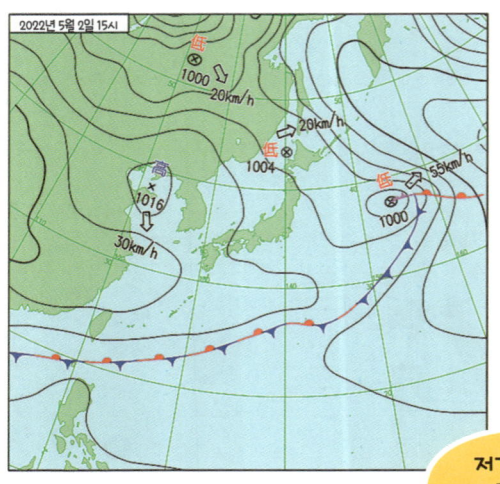

왼쪽 일기도에서 (저/L)라고 된 곳이 저기압, (고/H)라고 된 곳이 고기압이에요. 글자 아래의 숫자는 기압을 말하고 단위는 hPa(헥토파스칼)이에요. 화살표는 예상되는 기압의 진로 방향을 의미하고 그 아래 숫자는 기압의 속도를 나타내요.

저기압과 고기압은 자동차처럼 빠르게 이동해요

저기압, 고기압이 생기는 이유

지면이 햇빛을 받아 따뜻해지면 위로 향하는 공기의 흐름이 생겨요. 지면에서 아주 높은 곳은 기온이 매우 낮답니다. 그래서 높이 올라간 공기가 식어 구름이 생겨요. 이렇게 위로 향하는 공기의 흐름 때문에 저기압이 생깁니다. 반대로 높은 곳에서 식어 무거워진 공기는 아래로 내려가고, 이 힘 때문에 고기압이 생겨 구름이 사라져요.

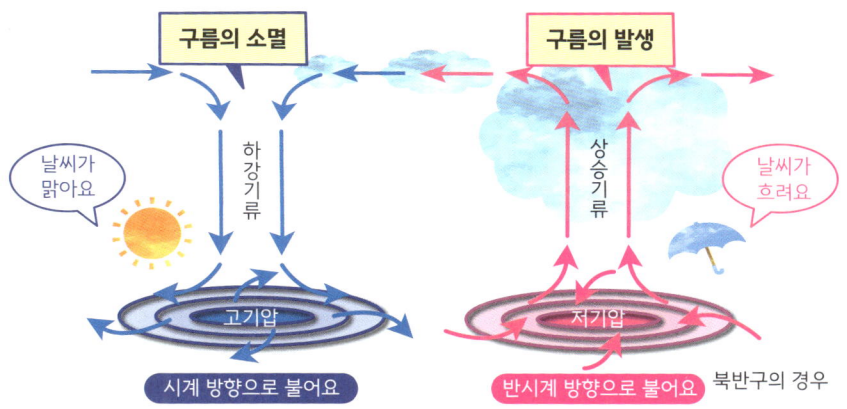

태풍은 아주 강한 힘을 가진 저기압이에요

저기압이 아주 세지면 강한 바람과 비로 커다란 피해를 일으키는 태풍이 돼요. 기상청에서는 최대 풍속이 17m/s보다 큰 저기압을 태풍이라고 불러요.

태풍이 크게 발달하면, 태풍 가운데 '태풍의 눈'이라고 부르는 게 생겨요. 태풍 가운데를 보면 구름이 전혀 없는 정말로 눈처럼 보이는 장소가 있는데, 태풍의 눈이 우리 위를 바로 지나갈 때면 아주 잠시지만 비와 바람이 멎고 파란 하늘이 보이는 온화한 날씨가 된답니다.

태풍의 눈

산에서 과자 봉지가 빵빵하게 부푸는 이유

높은 곳으로 가면 기압이 낮아져요

앞에서 기압은 공기의 무게라고 설명했지요? 그러니까 높은 산에 올라가면 그 높이만큼 위에서 누르는 공기층이 적어져서 공기의 무게도 줄고 기압도 내려가요. 스낵 과자를 산에 가져가면 봉지가 빵빵하게 부풀어요. 여러분도 이런 경험을 해 본 적 있나요? 스낵 과자는 공기가 누르는 힘이 센, 지면에서 높지 않은 장소에서 만들어요. 높이가 낮은 장소에서는 공기가 봉지를 누르는 힘이 세기 때문에 봉지 안에서 밖으로 미는 힘도 세답니다. 하지만 높은 산에 올라가면 밖에서 봉지를 누르는 힘은 줄지만, 봉지 안에서 밖으로 미는 힘은 그대로죠. 그래서 바깥의 기압이 낮은 산에 올라가면 과자 봉지가 부풀어 올라요. 대략 1,000m 정도 위로 올라가면 기압은 100hPa 정도 내려가요.

비슷한 원리로 물이 끓는 온도도 기압 때문에 낮아져요. 물이 끓는 온도가 우리 주변에서는 100℃ 지만, 기압이 낮은 산에서는 물이 끓는 온도가 87℃ 정도로 낮아요. 이렇게 낮은 온도에서는 물이 끓더라도 쌀이 잘 익을 만큼 뜨거워지지 않아 밥이 설익어요.

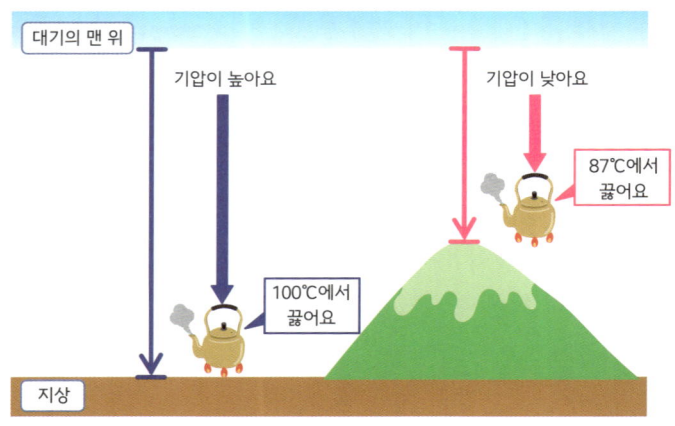

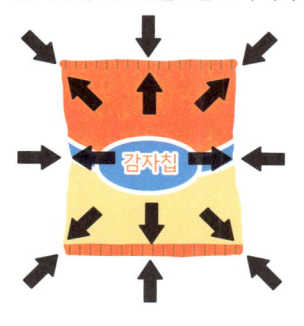
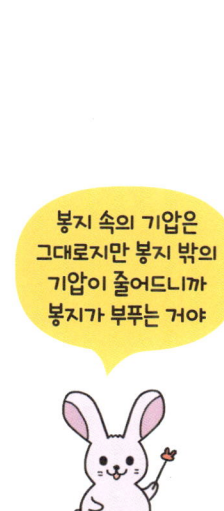
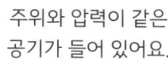

기압의 변화는 사람에게도 영향을 끼쳐요

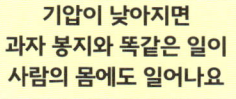

기압의 변화는 사람의 몸에도 영향을 미친다는 사실을 알고 있나요? 할머니나 할아버지들 중에는 저기압에 가까워지면 몸 상태가 안 좋고 여기저기 쑤신다는 분들이 있어요. 저기압이 되면 우리 주변의 기압이 내려가요. 기압이 내려가는 것은 높은 산에 오른 것과 비슷해요. 산 위처럼 밖에서 우리를 누르는 힘은 줄어들지만, 몸 안에서 밖으로 밀어내는 힘은 그대로인 상태가 됩니다. 물론 과자 봉지처럼 몸이 부풀지는 않겠지요? 그렇기 때문에 기압의 변화가 생기면 몸 상태가 평소와 다르게 되고, 건강 상태가 나빠지기는 사람도 있다는 거예요.

69

장소의 단위

위도, 경도

위도와 경도를 알면
지구 위 어디인지 알 수 있어요

우리는 지구 같은 공 모양의 입체 도형을 '구'라고 불러요. 구 위에 기준을 정하고 가로선과 세로선을 그으면 그 위의 어떤 장소든지 가리킬 수 있어요. 이때 세로 방향으로 그은 선을 경선, 가로 방향으로 그은 선을 위선이라고 불러요. 경선을 자오선이라고 부르기도 해요.

어떤 장소를 가리킬 때 그곳을 지나는 경선과 위선으로 정확하게 나타낼 수 있어요. 그 점의 위치를 위도와 경도라고 해요. 위도와 경도는 각도에서 사용하는 '도', '분', '초'라고 하는 단위를 사용한답니다.

위도와 경도를 사용하면 서울역은 북위 37도 33분 18.6초, 동경 126도 58분 15초로 표시할 수 있어요.

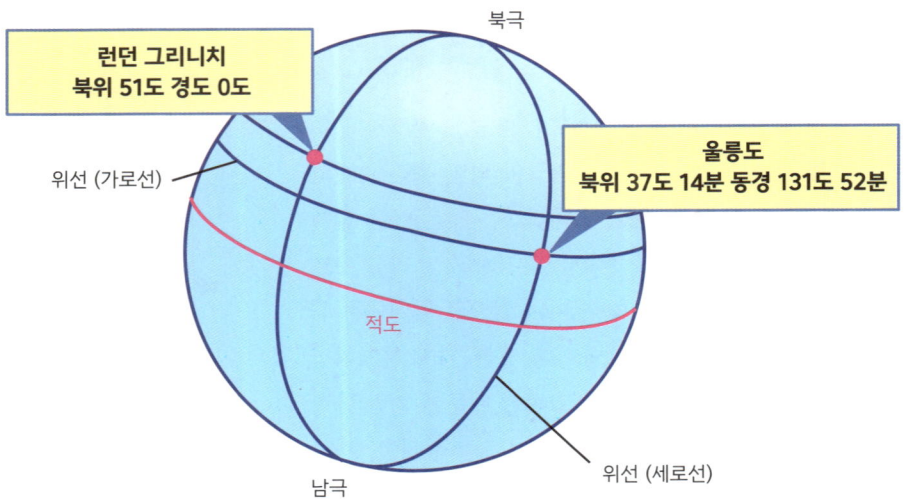

경도 0도는 그리니치 천문대

경도는 북극으로부터 남극까지 그은 세로선이에요. 영국의 그리니치 천문대를 지나는 선의 경도를 0도라고 정했어요. 여기서부터 동쪽으로 동경 180도, 서쪽으로 서경 180도로 표시해요. 1884년 10월 미국의 워싱턴 D.C에서 열린 국제 자오선 회의에서 그리니치 천문대를 지나는 경선을 0도로 정했어요.

위도 0도는 적도

에콰도르의 적도 기념비

위도는 적도를 0도로 하고 북쪽으로 북위 90도, 남쪽으로 남위 90도까지의 범위를 표시할 수 있어요. 북위 90도는 북극, 남위 90도는 남극이라고 해요. 같은 위도라면 경도가 달라도 비슷한 기후일 것이라고 추측해 볼 수 있어요. 예를 들자면 함경남도 함흥이 북위 41도, 이탈리아 로마가 북위 41도로 위도가 같은데, 두 도시의 기후를 비교해 보면 재미있을 거예요.

일본 표준 자오선의 마을, 아카시시

우리나라는 낮이라도 지구의 반대편은 밤이겠지요? 그래서 각 나라는 정오에 해가 가장 높게 떠 있을 때를 기준으로 표준시를 정하고 있어요. 우리나라는 동경 135도를 대한민국 표준시로 정하고 있고, 그리니치 자오선과는 9시간 차이가 있답니다. 일본도 동경 135도를 일본 표준시로 정하고 있어요. 동경 135도의 경선을 지나는 효고현 아카시시는 일본 표준시 자오선의 마을로, 이곳에는 다양한 기념비가 있답니다.

아카시시에 있는 자오선 표준 기둥
(잠자리 표시)

지진의 단위

규모, 진도

진도는 특정 장소가 어느 정도 흔들렸는지를 말하는 거예요.

지진의 단위로는 진도와 규모가 있습니다. 진도는 어떤 장소가 얼마나 떨렸는지를 나타내는 것으로, 1부터 7까지의 숫자로 표시해요. 1에서 7로 갈수록 지진의 강도가 세져요. 이 숫자를 보면 지진 피해가 어느 정도인지 알 수 있답니다.

지진 발생 일시	진앙지명	규모	최대 심도
2022.02.08 15:57	전남 신안군 흑산도 북서쪽 55km 해역	2.9	진도 1
2022.03.06 18:40	강원 삼척시 동남동쪽 37km 해역	2.5	진도 1
2022.04.10 2:45	경북 영덕군 동쪽 23km 해역	3.4	진도 3
2022.04.16 2:08	전남 고흥군 북쪽 16km 지역	2.6	진도 3
2022.06.02 20:48	경북 울릉군 울릉도 북쪽 71km 해역	2.6	진도 1
2022.07.03 7:54	전남 여수시 거문도 남쪽 81km 해역	2.6	진도 1
2022.07.12 10:09	제주 서귀포시 동쪽 104km 해역	2.7	진도 1
2022.07.29 5:36	경남 의령군 북북서쪽 8km 지역	2.6	진도 4

지진은 1년 내내 전국 곳곳에서 일어나고 있어요.

진도 등급

	진도 1	진도 2	진도 3	진도 4
진도와 흔들림	대부분 사람들은 느낄 수 없으나, 지진계에는 기록된다.	조용한 상태나 건물 위층에 있는 소수의 사람만 느낀다.	실내, 특히 건물 위층에 있는 사람이 현저하게 느끼며, 정지하고 있는 차가 약간 흔들린다.	실내에서도 많은 사람이 느끼고, 밤에는 잠에서 깨기도 하며, 그릇과 창문 등이 흔들린다.
	진도 5	진도 6	진도 7	진도 8
	거의 모든 사람이 진동을 느낀다. 그릇, 창문 등이 깨지기도 하며, 불안정한 물체는 넘어진다.	모든 사람이 진동을 느끼고 일부 무거운 가구가 움직이며, 벽의 석회가 떨어지기도 한다.	일반 건물에 약간의 피해가 발생하며, 부실한 건물에는 상당한 피해가 발생한다.	일반 건물에 부분적 붕괴 등 상당한 피해가 발생하며, 부실한 건물에는 심각한 피해가 발생한다.
	진도 9	진도 10	진도 11	진도 12
	잘 설계된 건물에도 상당한 피해가 발생하며, 일반 건축물에는 붕괴 등 큰 피해가 발생한다.	대부분의 석조 및 골조 건물이 파괴되고, 기차 선로가 휘어진다.	남아있는 구조물이 거의 없으며, 다리가 무너지고, 기차선로가 심각하게 휘어진다.	모든 것이 피해를 보고, 지표면이 심각하게 뒤틀리며, 물체가 공중으로 튀어오른다.

규모는 지진 자체의 세기예요

지진이 실제 일어나는 장소를 진원이라 하고, 규모는 진원에서 측정한 지진의 세기예요. 규모가 7을 넘는 지진을 대지진, 8이 넘으면 거대지진이라고 해요. 진도는 진원의 거리에 따라 정해지며, 진원으로부터 거리가 멀면 멀수록 덜 흔들리고 가까울수록 더 많이 흔들린답니다. 규모의 단위는 매그니튜드(magnitude)의 알파벳 M을 사용해 표시해요.

규모는 지진 그 자체의 세기, 진도는 그 장소의 흔들림 정도를 나타내

전 세계의 거대지진

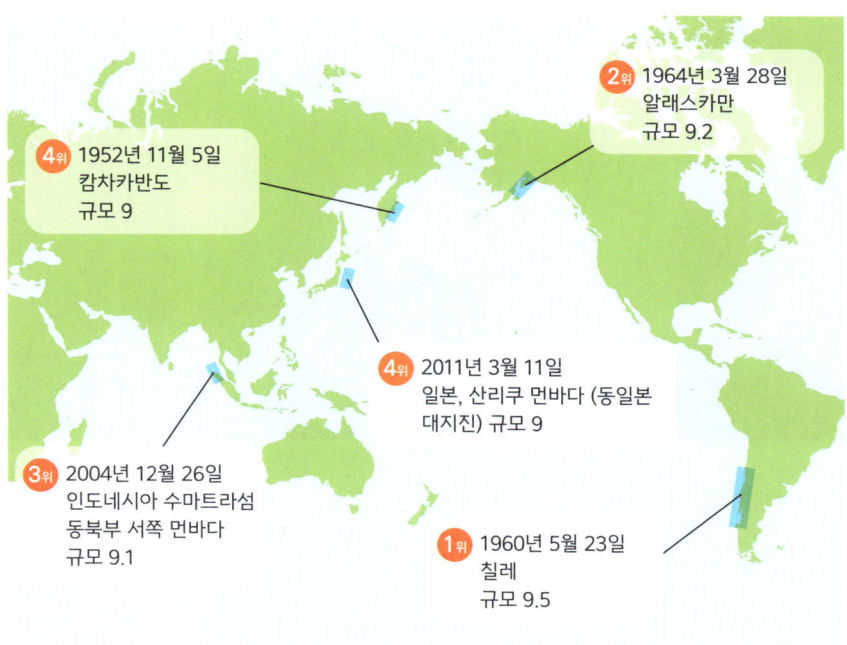

4위 1952년 11월 5일
캄차카반도
규모 9

2위 1964년 3월 28일
알래스카만
규모 9.2

4위 2011년 3월 11일
일본, 산리쿠 먼바다 (동일본대지진) 규모 9

3위 2004년 12월 26일
인도네시아 수마트라섬 동북부 서쪽 먼바다
규모 9.1

1위 1960년 5월 23일
칠레
규모 9.5

번개의 정체

'쿠르릉 쾅' 번개가 칠 때는 무슨 일이 일어날까?

구름 속에서 일어나는 정전기가 번개가 돼요

'쿠르릉 쾅, 쿠르릉 쾅' 번개는 참 무섭죠. 번개는 구름 속에 생긴 정전기 때문에 일어나요. 햇볕이 따뜻하게 만든 공기는 위로 올라가 구름이 되는데, 높은 곳은 온도가 낮아 공기 속의 물이 얼어 얼음 알갱이가 됩니다. 이 얼음 알갱이들이 서로 부딪히면서 정전기가 생기고, 정전기가 너무 많이 쌓여 그 상태로 있을 수 없게 되면 공기 중에 전기가 흘러서 번개가 되는 것이랍니다.

상승기류에서 구름이 만들어지고, 그 구름에서 생긴 차가운 얼음이 서로 부딪히면 구름의 윗부분과 지면은 플러스 전기, 구름의 아랫부분은 마이너스 전기가 모여요.

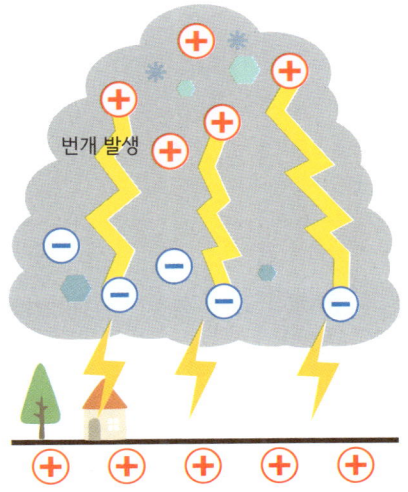

전기가 많이 쌓이면 플러스에서 마이너스로 전기가 흘러요. 이것이 바로 번개랍니다.

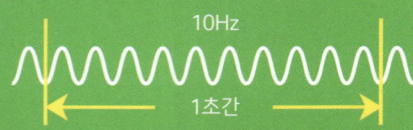

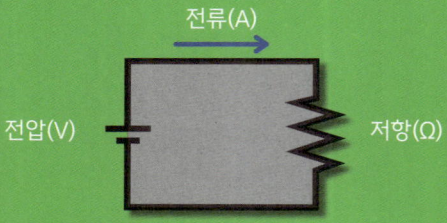

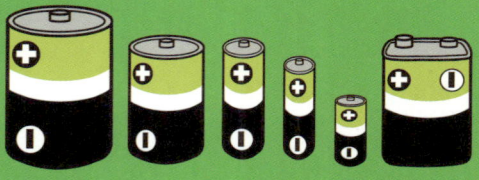

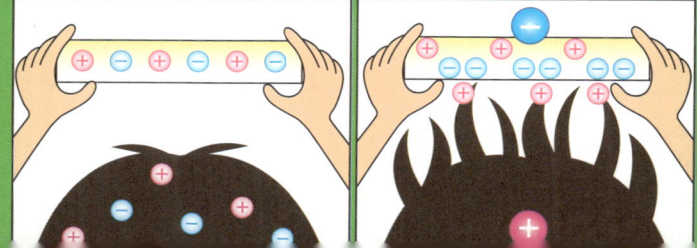

제4장
사물의 성질과 관련된 단위

주파수, 전기, 자기 등 우리 눈에 보이지 않지만 일상생활에 큰 도움을 주고 있는 단위를 모아 봤어요. 속도, 열량, 방사선 등 평소에 알고 있으면 과학적 지식이 깊어지는 단위도 같이 소개합니다.

주파수의 단위

주파수 (Hz)

주파수는 전기의 파도를 말하는 거예요

주파수는 전파나 소리 같은 정보가 파도처럼 전달되는 것에 사용하는 단위로, 1초에 파도가 몇 번 치는지를 나타내는 수입니다. 전파는 눈에 보이지 않지만 소리나 영상을 전달할 수 있어서 텔레비전, 휴대전화, 무선 통신 등 우리 주변에서 많이 사용하고 있어요.

1초에 10번 파도가 치면 10Hz 야

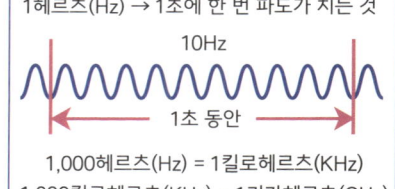

1헤르츠(Hz) → 1초에 한 번 파도가 치는 것
10Hz
1초 동안
1,000헤르츠(Hz) = 1킬로헤르츠(KHz)
1,000킬로헤르츠(KHz) = 1기가헤르츠(GHz)

이것도 전파에 실어서 보내자

그걸 전파에 실어 보낸다고?

눈에 보이지도 않는 전파를 누가 발견했을까?

1888년 독일의 물리학자 하인리히 헤르츠는 전기의 파도인 '전자파'가 있다는 것을 증명했어요. 이후 전기와 소리 등을 전달하는 기술이 발달한 덕분에 여러분이 매일 텔레비전과 인터넷을 사용할 수 있게 되었답니다.

하인리히 헤르츠

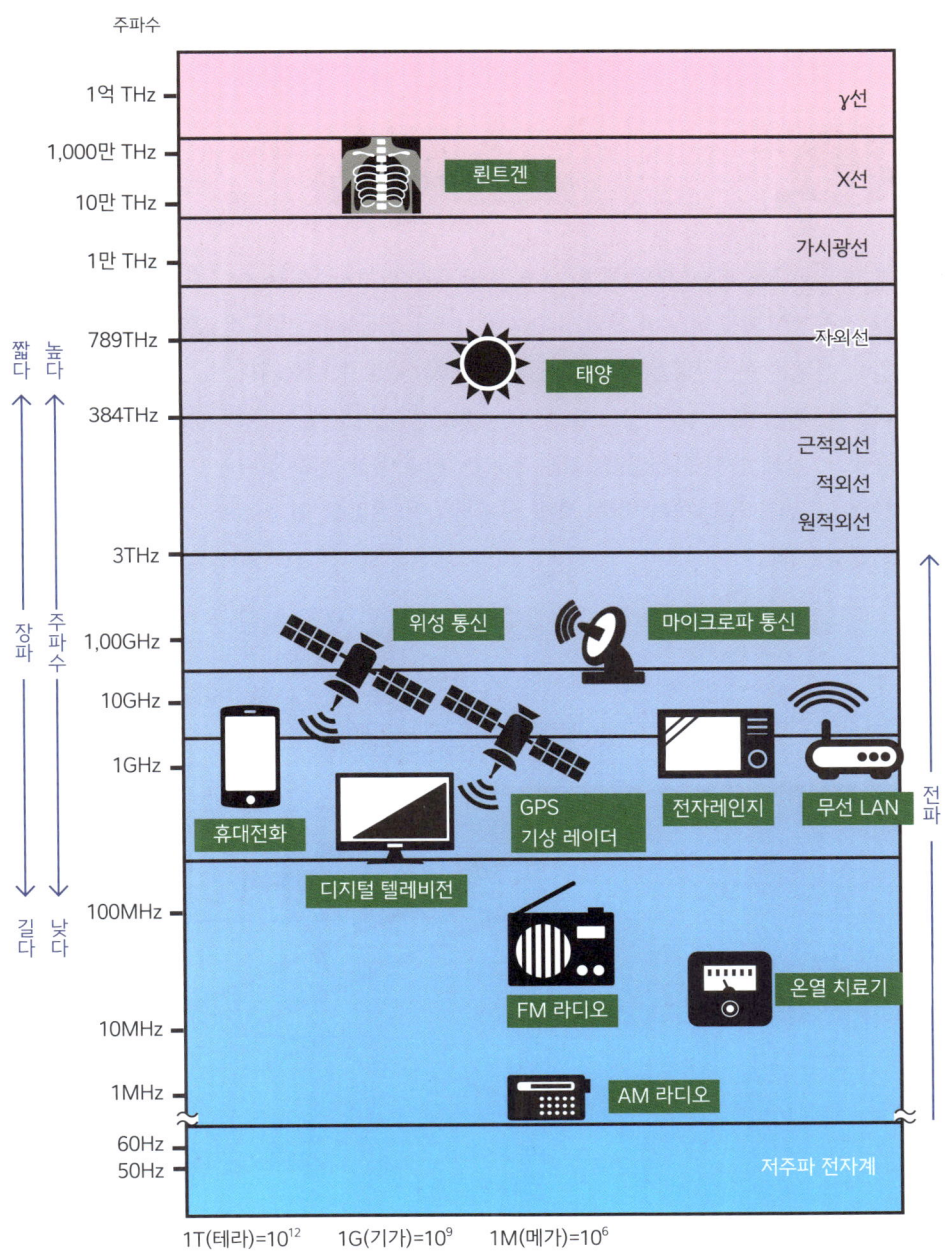

전기의 단위 1: 전압(V), 전류(A)

전기를 물의 흐름에 비유하면 이해하기 쉬워요

텔레비전이나 전등 같은 전기 제품은 전기가 흘러서 작동해요. 전기 플러그를 꽂거나 건전지를 넣으면 전압이 생기고, 이때 스위치를 켜면 전류가 흘러요. 전압의 단위는 볼트 'V', 전류의 단위는 암페어 'A'로 표시합니다.

물이 높은 곳에서 낮은 곳으로 흐르는 것처럼 전기도 높은 곳에서 낮은 곳으로 흘러요. 물의 높이를 전압, 떨어져 흐르는 물의 양을 전류에 비유할 수 있어요. 물이 더 높은 곳에서는 아주 세게 떨어지듯이 전압도 더 높으면 더 큰 전류가 흐른답니다.

전기는 물과 비슷한 성질을 가지고 있어서 젖은 손으로 전기 플러그 소켓을 만지면 큰일 나

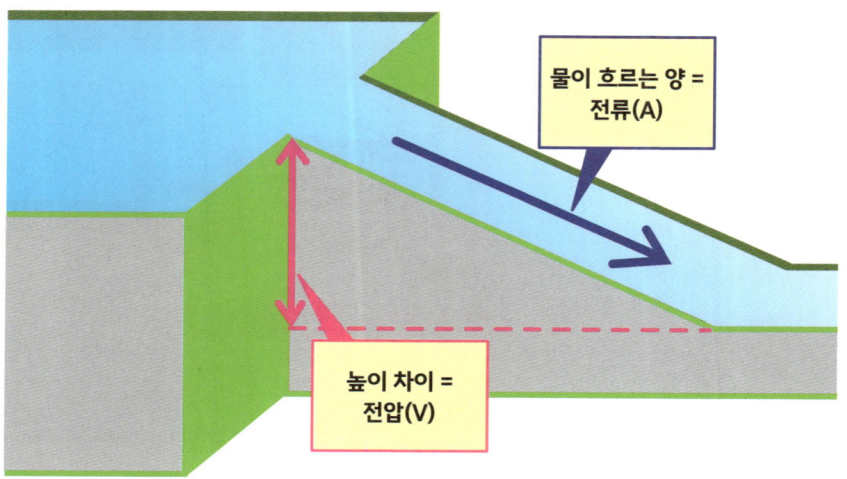

전기 플러그 소켓의 전압과 건전지 전압의 크기 비교

전기 제품은 다양한 전압을 사용해요. 가정용 전기 플러그 소켓의 전기는 220V이고, 장난감이나 리모컨에 들어가는 둥근 건전지는 1.5V예요. 사각 건전지의 경우 9V짜리도 있어요. 이것 말고도 다양한 전압의 전지들이 있어요. 전기 제품을 사용할 때는 알맞은 전압을 사용하지 않으면 고장이 나거나 작동하지 않을 수 있으니 잘 살펴보고 맞는 전압을 사용해야겠죠?

가정 전기 플러그 소켓 **220V**

원통형 건전지 **1.5V**

여러 가지 전기 제품의 암페어 수

집에서 전기를 얼마나 사용할 수 있을까요? 전기 사용량은 전기 회사와 맺은 계약 전력에 따라 정해져요. 계약 전력보다 많은 전기를 사용하면 전기 요금이 훨씬 더 많이 나오고, 차단기가 자주 내려가서 전기를 사용할 수 없을 때도 있어요.

파워가 필요한 전기 제품은 암페어 수가 높아

선풍기 **1A**

청소기 **10A**

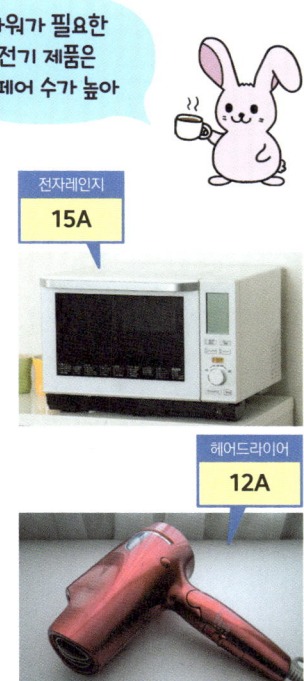

전자레인지 **15A**

헤어드라이어 **12A**

전기의 단위 2 — 전력(W), 전력량(Wh)

전력은 전기 제품이 낼 수 있는 힘의 크기예요

앞에서 전기의 단위로 전압과 전류가 있다고 했어요. 전압과 전류 말고 또 다른 전기의 단위가 바로 와트(W)로 표시하는 전력이라는 단위입니다. 전력은 모터를 작동하게 하는 힘처럼 전기로 내는 힘의 크기를 말해요.

전력 = 전압 × 전류

집에 있는 전기 제품의 와트 표시를 조사해 보자

! 집에 있는 전기 제품의 와트 표시를 조사해 볼까요?

전기 제품은 소비 전력이 와트로 표시되어 있어요. 집에서 사용하는 전기 제품의 와트 수를 한번 조사해 볼까요? 대부분의 전기 제품에는 오른쪽 사진과 같은 표시가 붙어 있을 거예요. 전기 제품의 와트 수가 크면 전기를 많이 사용한답니다. 와트 수가 높은 전기 제품은 필요할 때만 사용해야 전기를 절약할 수 있어요.

전압	100V
주파수	50/60Hz
전동기 소비 전력	140W
전열 장치 소비 전력	1,250W
정격 시간	세탁만 35분
세탁 용량	9.0kg

전기 제품에 사용하는 와트 수가 적혀 있어요.

전력 사용량은 전력량으로 나타내요

전기 사용량은 전력량 'Wh(와트아워)'로 나타내요. 이 단위는 얼마나 오랜 시간 전기를 사용했는지를 가리켜요. 같은 전력이라도 짧은 시간 동안 사용하면 전력량이 적고, 긴 시간 사용하면 전력량은 커져요.

한전에서는 각 집의 전력량을 측정해 전기 요금을 청구해요. 실제로는 와트아워보다 더 큰 전력량 단위인 'kWh(킬로와트아워)'를 사용해서 전기 사용량을 측정하고 있답니다.

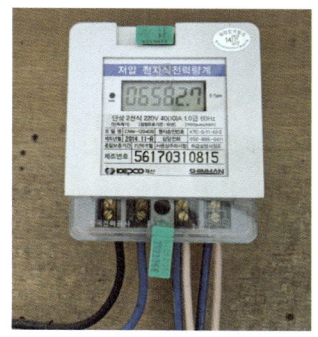

집에 있는 전기 계량기
전기 계량기를 사용해 전력량을 측정해요.

암페어, 볼트, 와트는 전부 사람 이름에서 왔어요

암페어 'A'
앙드레 마리 앙페르

프랑스 물리학자. 19세기, 전류와 자기의 관계인 암페어의 법칙을 발견했어요.

볼트 'V'
알렉산드로 볼타

이탈리아 물리학자. 1800년 세계에서 최초로 전지를 만들었어요. 이것을 볼타 전지라고 부릅니다.

와트 'W'
제임스 와트

영국 발명가. 18세기에 증기 기관을 개량해 산업혁명의 발전에 크게 공헌했어요.

전기의 단위 3 — 저항 (Ω)

옴이라는 사람이 저항을 발견했어요

흐르는 물의 중간에 돌이 있으면 물이 지나가기 어렵겠죠? 전기가 흐르는 길에도 전류가 흐르는 것을 어렵게 만드는 성질이 있답니다. 이런 성질을 저항이라고 해요. 저항도 크기를 잴 수 있어서 옴이라는 단위를 사용하고 'Ω' 기호를 사용해서 나타내요. 19세기 독일의 물리학자 게오르크 옴이라는 사람이 저항을 발견했기 때문에 옴이라는 단위를 사용하게 되었답니다.

게오르크 옴
1789년생으로 전압과 전류의 관계를 나타내는 옴의 법칙을 발견했어요.

전기회로 설계에 사용하는 옴의 법칙

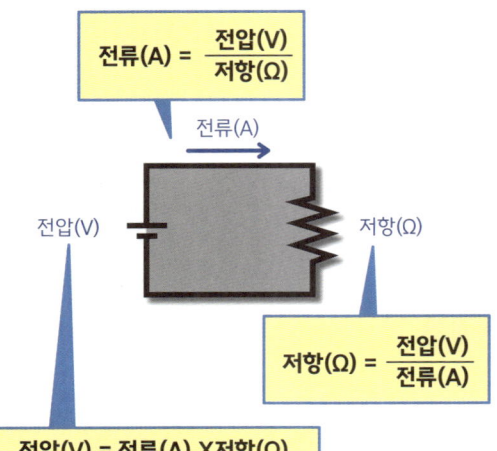

옴의 법칙은 전류와 전압의 관계를 나타내요. 공식은 왼쪽과 같이 간단하게 표시할 수 있어요. 이 공식을 살펴보면 전압이 크면 전류도 커지고, 저항이 커지면 전류도 작아진다는 것을 알 수 있습니다. 전기회로를 설계할 때 반드시 사용하는 기본적인 법칙이에요.

전기 제품에는 저항기를 사용해요

전기 제품 속의 전기회로에는 반드시 저항기가 들어 있어요. 기본적인 저항기는 보통 오른쪽 그림과 같은 모습이에요. 중간에 여러 가지 색의 띠가 있는데, 띠의 색은 저항기가 몇 옴인지 알려줘요.

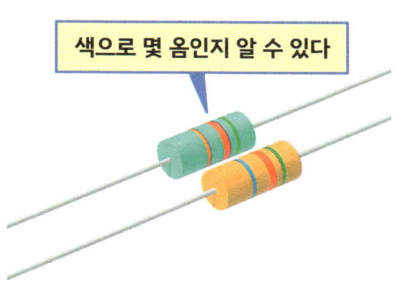

색으로 몇 옴인지 알 수 있다

저항기는 회로에 흐르는 전류를 조정해요

저항이 없는 상태로 전선이 연결되면 급격하게 전류가 흘러 뜨거워져서 불이 날 수 있어요.

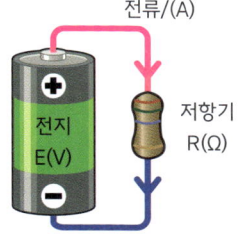

저항기를 넣으면 전류가 천천히 흘러요.

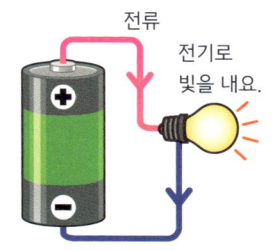

전구도 일종의 저항기로, 전기를 빛으로 바꿔 줘요.

위 그림처럼 저항기로 회로에 흐르는 전류를 조정할 수 있어요. 저항기 없이 전지의 플러스와 마이너스를 연결하면 전지에 전류가 급격하게 흘러서 전기가 없어져요. 전구도 전기 에너지를 빛으로 바꾸어 주는 저항기라고 할 수 있어요.

저항기는 전류 회로에 꼭 필요하겠구나!

전지의 다양한 형태
전지의 종류와 형태가 궁금해요

건전지에도 여러 가지 종류가 있어요

원통형 건전지는 단 1형부터 단 5형까지 형태가 5가지입니다. 이들 건전지의 전압은 모두 1.5V지만 각각의 용량은 달라요. 네모난 건전지는 전압이 9V로 큰 편이에요. 각각 장치에 맞는 전지를 사용해야 합니다.

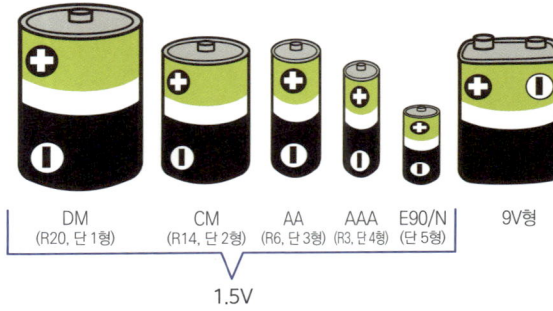

DM (R20, 단 1형) | CM (R14, 단 2형) | AA (R6, 단 3형) | AAA (R3, 단 4형) | E90/N (단 5형) — 1.5V | 9V형

손전등처럼 밝은 빛을 오래 사용하기 위해서는 용량이 큰 DM이나 CM 전지를 사용해요.

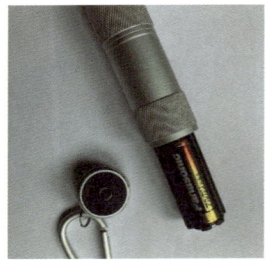

LED 전등은 소비 전류가 적고 크기가 작아서 AA 전지를 사용해요.

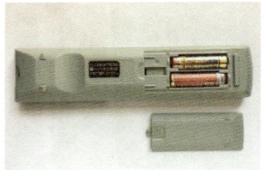

리모컨은 소비 전류가 아주 적고 사용하기 쉽도록 작게 만들기 때문에 AAA 건전지를 이용해요.

충전식 건전지

건전지와 모양은 같은데 충전할 수 있는 건전지도 있어요. 보통 건전지는 한 번 쓰면 버려야 하지만 충전할 수 있는 건전지는 전용 충전기로 충전해서 다시 사용할 수 있답니다.

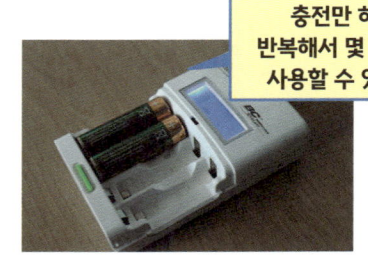

충전만 하면 반복해서 몇 번이고 사용할 수 있어요

버튼형 전지는 소형 기기에 사용해요

건전지는 원통형이나 사각형 이외에 단추형, 동전형같이 작은 전지도 있답니다. 작은 전지는 손목시계, 체온계, 계산기, 자동차 열쇠 등 일상생활에 쓰는 작고 다양한 기기에서 사용해요.

크기는 보통 지름이 1~2cm 정도고 두께는 얇아요

시계

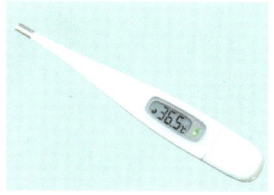
체온계

자동차 열쇠

스마트폰이나 전기자동차에 사용되는 전지는 다른 종류예요

스마트폰이나 전기자동차에는 리튬이온 전지를 사용해요. 앞에서 본 전지는 여러 곳에 사용할 수 있도록 크기나 모양을 일정하게 통일했어요. 하지만 리튬이온 전지는 특별한 모양이 없어요. 용량도 크고 무게도 가벼우면서 충전도 할 수 있답니다.

스마트폰

전기자동차

자력의 단위: 테슬라(T), 가우스(G)

밀어내거나 당기거나 자석은 신기해요

자석에는 N극과 S극 2가지 극이 있어요. 자석 2개에 같은 극을 가까이하면 서로 밀어내고, 다른 극을 가까이하면 서로 끌어당겨요. 자력이란 이렇게 자석이 서로 밀거나 당기는 힘을 말해요.

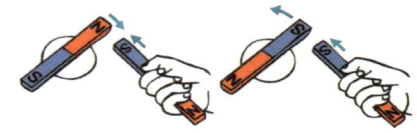
N극과 S극을 맞대면 서로 달라붙고, N극과 N극 또는 S극과 S극을 맞대면 서로 밀어내요.

막대자석 주위에 철가루를 뿌리면 신기한 모양이 생겨요

막대자석 주위에 철가루를 뿌리면 신기한 모양이 나타나요. 잘 살펴보면 N극과 S극에 선이 나와 있는 것처럼 보인답니다. 원래 자석의 힘은 눈에 보이지 않지만 철가루를 뿌리면 자력이 어떻게 주변에 영향을 주는지 눈에 보이게 돼요.

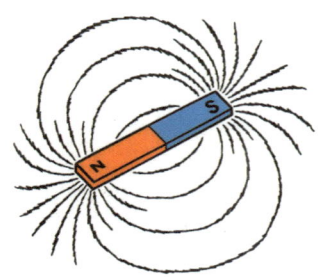

철가루를 뿌리면 눈에 보이지 않던 자석의 힘이 주변에 어떻게 영향을 주는지 알 수 있어

테슬라와 가우스는 자석의 세기를 표시하는 단위예요

자석의 세기를 나타내는 단위로는 테슬라 'T'와 가우스 'G'가 있어요. 테슬라는 SI 단위계, 가우스는 CGS 단위계에서 사용하는 단위로 1T=10,000G예요. 각 단위의 크기는 다르지만 같은 종류의 단위예요. 예전에는 가우스를 주로 사용했지만, 지금은 대부분 테슬라를 사용해요.

일반적으로 사용하는 자력의 세기도 테슬라로 나타내

여러 가지 자기 제품의 자력의 세기 — 마이크로 테슬라 (μT)

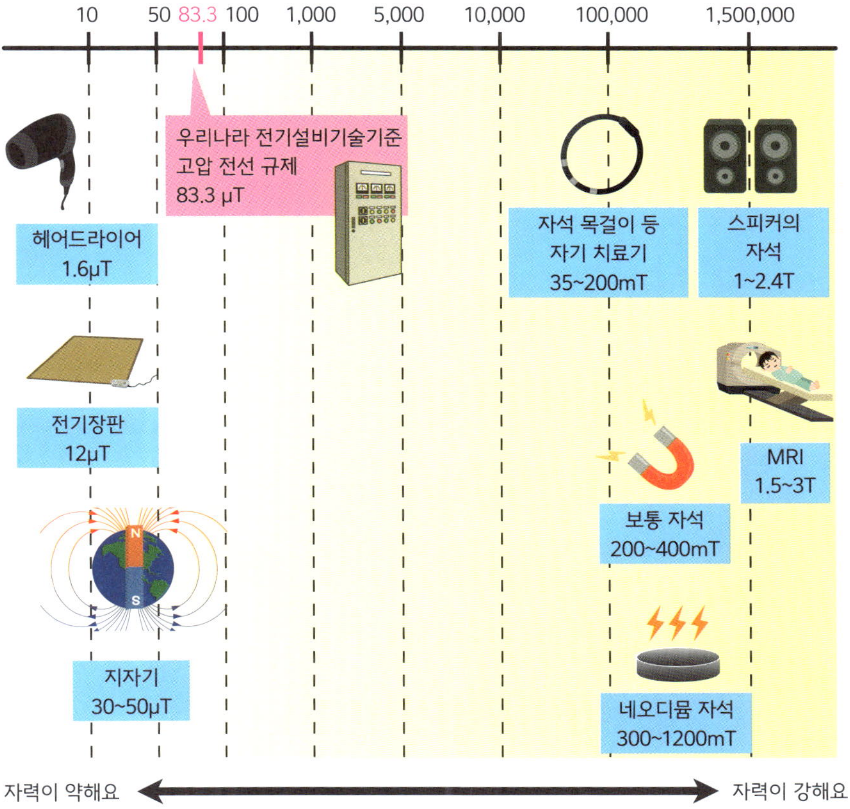

10　50　83.3　100　1,000　5,000　10,000　100,000　1,500,000

- 헤어드라이어 1.6μT
- 우리나라 전기설비기술기준 고압 전선 규제 83.3μT
- 전기장판 12μT
- 지자기 30~50μT
- 자석 목걸이 등 자기 치료기 35~200mT
- 보통 자석 200~400mT
- 네오디뮴 자석 300~1200mT
- 스피커의 자석 1~2.4T
- MRI 1.5~3T

◀ 자력이 약해요　　　자력이 강해요 ▶

자석은 서로 달라붙기만 하는 게 아니라 여러 곳에서 유용하게 쓰여요

자석은 몸속 혈액 순환을 도와주는 역할도 한답니다. 그래서 자석은 혈액 순환을 개선하고 통증을 줄여 주기 위한 용도로 사용하기도 해요. 자석으로 만든 파스도 우리 주변에서 볼 수 있고, 운동선수가 자석 목걸이나 자석 팔찌를 착용하는 모습도 종종 볼 수 있어요.

자석 팔찌

자석 파스

테슬라와 가우스는 사람 이름에서 따 왔어요

니콜라 테슬라

19~20세기 중기에 활약한 발명가. 전 세계에서 사용하고 있는 교류 전기를 보내는 방법도 테슬라가 개발했어요. 당시 에디슨이 직류 사용을 주장해서 서로 대립하기도 했어요.

칼 프리드리히 가우스

가우스는 어렸을 때부터 수학과 고어에 뛰어났어요. 근대 수학의 창시자라고 불리며, 수학 말고 천문학에도 큰 업적을 남겼어요.

우리 몸속을 촬영할 때도 자력을 이용해요

MRI로 우리 몸을 촬영한다는 걸 들어 봤나요? MRI는 자력을 이용해 우리 몸속의 뇌나 장기를 마치 해부해서 보는 것같이 정밀하게 스캔해서 촬영해요. X선 사진과도 비슷하지만, X선은 방사선이라 자주 사용하면 몸에 좋지 않아요. MRI는 방사선이 아니라 1.5~3T 정도의 강한 자기와 전파를 같이 사용하기 때문에 방사선만큼 몸에 해롭지는 않답니다.

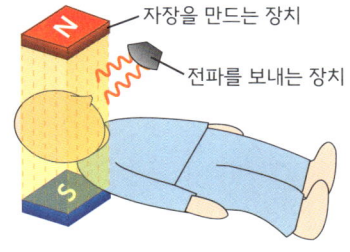

- 자장을 만드는 장치
- 전파를 보내는 장치

이런 곳에도 자력이 도움이 되는구나

자력으로 개구리를 공중에 띄운 사람이 있어요

영국 맨체스터 대학의 안드레 가임 박사는 2000년에 자력을 사용해서 개구리를 공중으로 띄워 **이그노벨상**을 수상했어요. 바람을 이용하거나 실에 매달지 않아도 개구리를 강한 자기 속에 두면 공중에 뜨게 만들 수 있다는 연구예요. 물이 자력에 반발하는 성질을 가지고 있어서, 개구리를 강한 자력 아래에 두면 개구리의 몸속에 있던 물이 위로 향하기 때문에 개구리가 공중에 뜬다고 합니다.

강력한 자력을 사용하면 개구리가 공중에 뜰 수 있어요.

※ 이그노벨상 : 미국 하버드 대학에서 과학에 대한 대중의 관심을 높이기 위해 제정한 상이에요. 보통 기발한 연구나 업적에 수여해요.

속도의 단위 1 : 초당 미터(m/s), 시간당 킬로미터(km/h)

속도는 1초 또는 1시간에 이동 가능한 거리를 나타내요

속도란 물체가 나아가는 빠르기를 나타내는 말로, 같은 시간에 얼마나 이동하는지를 가리켜요. 특히 1초에 어느 정도 이동했는지 나타내는 것을 초속이라고 하고, 1분에 이동하는 거리를 분속, 1시간의 경우를 시속이라고 해요.

예를 들면, 초속 3미터는 3m/s로 적어요. 3m/s로 이동하는 물체는 1초 후에 3미터를 이동해 있답니다. 50km/h라면 1시간 후에는 50km를 이동해요.

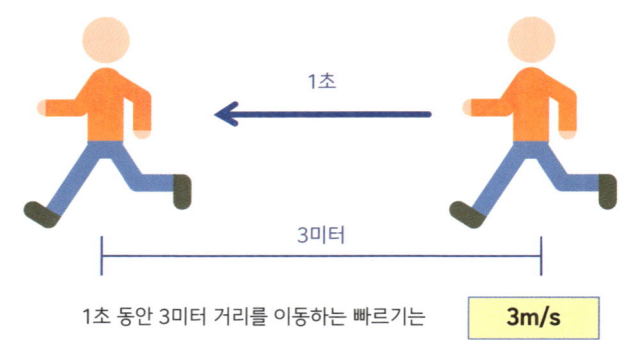

1초 동안 3미터 거리를 이동하는 빠르기는 **3m/s**

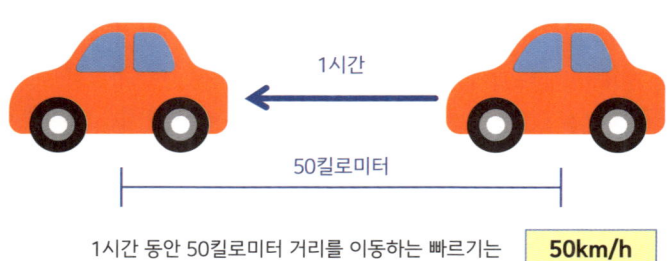

1시간 동안 50킬로미터 거리를 이동하는 빠르기는 **50km/h**

여러 가지 속도의 단위를 알아봐요

속도는 어떤 경우에 사용하는 거야?

자동차를 탈 때 시속을 사용하지. 이런 표지판을 본 적 있어?

응, 도로에서 본 적 있어

이 표시는 제한 속도가 시속 50km라는 거야. 이보다 더 속력을 내면 안 돼

그렇구나

그럼 엘리베이터는 분속을 사용한다는 걸 알고 있었어?

분속은 1분 동안 이동하는 거리지?

세계에서 가장 빠른 엘리베이터는 중국 광저우시 CTF 금융센터 빌딩에 있는 것으로, 1분에 1,260미터를 이동해. 2019년에 기네스에 등재되었지

CTF 금융센터

초속은 100m/9.58s = 10.44m/s
시속은 10.44m/s × 3600s / 1,000m = 37.58km/h

계산해 보세요

100m 달리기에서 가장 빠른 기록은 2009년에 우사인 볼트가 세운 9초 58로 알려져 있어요. 초속을 시속으로 바꿔 볼까요?

(정답은 93쪽 중간에)

속도의 단위 2

마하, 노트(kt)

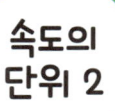

마하는 음속의 몇 배인지 측정해서 계산하는 속도예요

소리는 공기를 진동시키면서 앞으로 나아가는데, 이 빠르기를 음속이라고 해요. 음속은 기온에 따라 달라져서 기온이 높으면 빨라진답니다. 보통 음속은 기온 15℃ 정도에서 측정한 속도로 약 340m/s(시속이라면 약 1,225km/h)예요. 마하는 음속보다 몇 배 빠른지 알려주는 단위예요. 마하 1은 시속 1,225km랍니다.

음속을 넘으면 충격파가 발생해요

비행기가 음속을 넘으면 충격파라고 부르는 특수한 공기의 진동이 발생해요. 진동이 지상에 도착하면 폭발음처럼 '쾅' 하는 큰 소리로 들리는데, 이것을 '소닉붐'이라고 해요. 창문 유리창이 깨질 것 같은 강한 충격이 일어날 때도 있답니다. 비행기뿐만 아니라 운석이 떨어질 때도 발생하는 경우가 있어요.

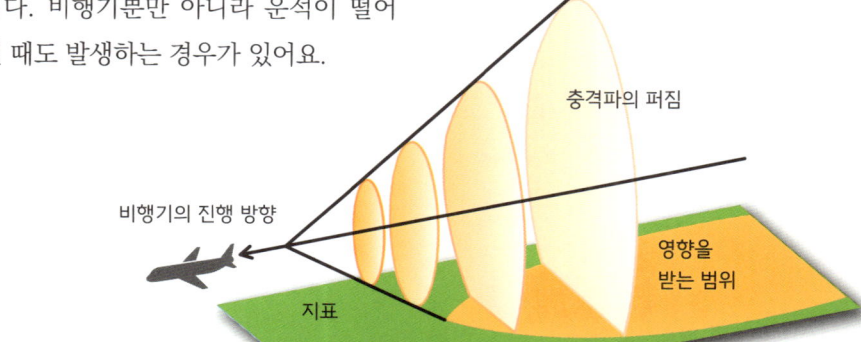

노트는 배의 빠르기를 나타내요

노트는 배의 빠르기에 사용하는 단위예요. 1노트는 1시간에 1해리(1,852m)를 이동하는 빠르기랍니다. 원래 노트(knot)라는 단어는 매듭을 뜻했어요. 기다란 줄에 매듭을 여러 개 지은 로프를 물에 흘려보내 그 매듭의 개수로 속도를 재어서 단위가 되었어요.

대항해 시대에 빠른 범선은 17노트 속도였어

여러 가지 배의 빠르기

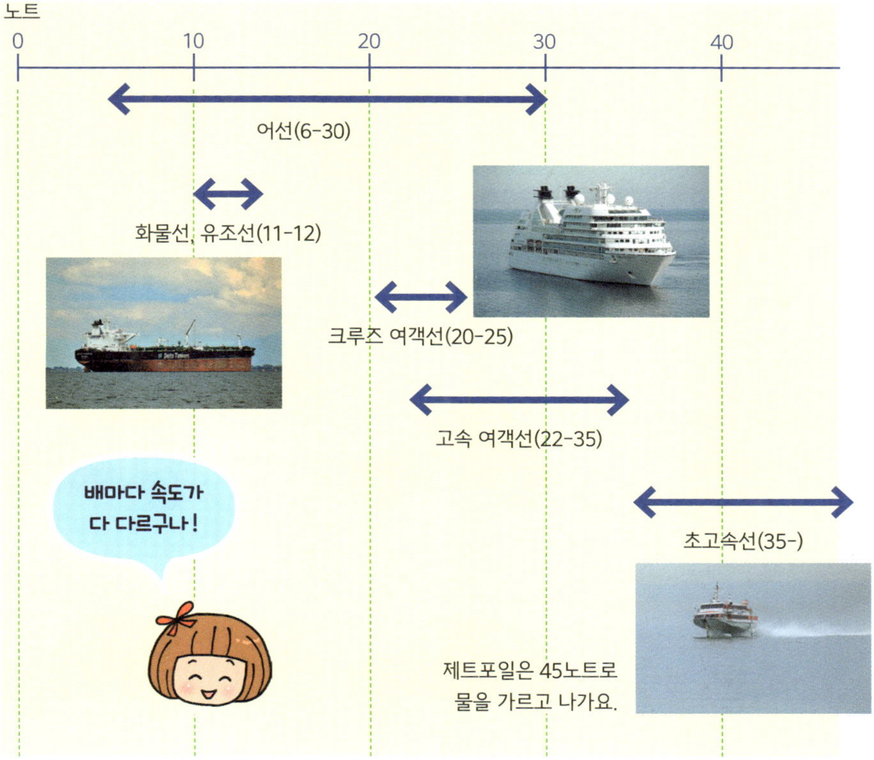

노트
0   10   20   30   40

어선(6-30)

화물선, 유조선(11-12)

크루즈 여객선(20-25)

고속 여객선(22-35)

초고속선(35-)

배마다 속도가 다 다르구나!

제트포일은 45노트로 물을 가르고 나가요.

95

가속도의 단위

가속도 (m/s^2)

지하철이나 자동차를 타고 있을 때
몸이 밀리는 느낌이 가속도예요

지하철이나 자동차가 움직이기 시작하거나 멈출 때 몸이 밀리는 것을 느껴본 적이 있나요? 그것은 바로 가속도 때문이랍니다.

가속도는 속도가 빨라지는 정도나 느려지는 정도를 나타내고 m/s^2라는 기호로 표시해요. 1초 동안에 얼마나 속도가 변했는지 나타내죠. 아무리 빠른 속도로 움직여도 속도가 변하지 않는다면 가속도가 0이에요.

지하철이 움직이기 시작할 때 몸이 기우는 것은 가속도 때문이에요.

속도가 변하지 않는 경우는
가속도가 0

1초 후 10m/s 늘어나는 경우 가속도는
$10m/s^2$

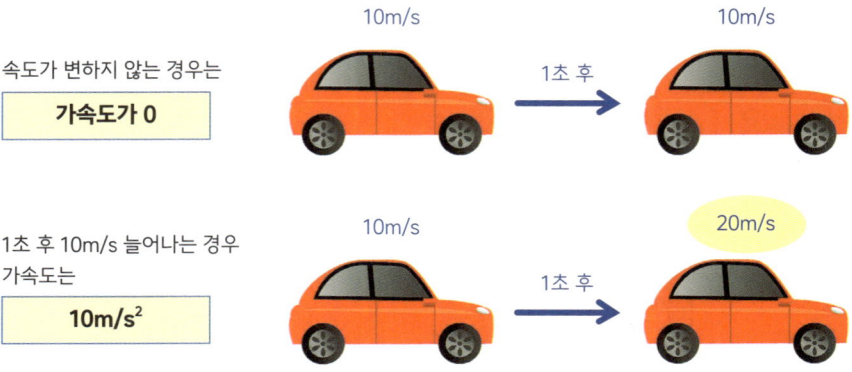

지구에는 끌어당기는 힘이 작용해요

지구에는 물체를 끌어당기는 힘이 작용하는데, 이것을 중력이라고 해요. 중력이 있어서 사람이나 건물이 땅 위에 바로 서 있을 수 있어요. 우주 정거장에서 사람들이 떠다니는 영상을 본 적이 있을 거예요. 중력이 없으면 이처럼 모든 것이 둥둥 뜨게 돼요. 지구에서는 점프하면 땅으로 바로 떨어지지만, 우주처럼 중력이 없는 곳에서 점프하면 그대로 어딘가로 계속 날아가 버린답니다.

©NASA

급격한 가속도를 나타내는 G 값이라는 단위도 있어요

중력의 세기 정도는 가속도로 나타내요. 이것을 중력가속도라고 하며 값은 약 $9.8 m/s^2$예요. G라는 단위는 중력가속도의 몇 배인지를 나타내는 단위랍니다. 중력가속도의 2배라면 2G, 무중력인 경우는 0G가 되지요. 2G라면 자신의 몸무게 2배의 힘이 걸려요. 전투기를 타고 아주 빠른 속도로 움직이는 공군 전투기 파일럿들은 9G의 힘을 견뎌야 하는 아주 힘든 훈련을 해낸답니다.

로켓을 쏘아 올릴 때 6G가 걸려요 (미국의 아폴로 로켓)

F1 경주차

브레이크를 최대로 밟을 때 4G

F1 경주에서 급커브를 돌 때 옆 방향으로 5G

6G라면 체중이 50kg인 사람은 300kg의 무게가 걸리는 거야. 너무 높은 G가 계속 걸리면 의식을 잃을 수도 있어

열량의 단위 1

칼로리 (cal)

제로 칼로리나 칼로리 프리에 쓰이는 칼로리가 무엇을 의미하는 걸까요?

칼로리는 열량(에너지)을 나타내는 단위로 1그램의 물을 1도 올리는 데 필요한 열량을 1칼로리라고 해요. 음식을 먹으면 소화가 되면서 에너지가 생기는데, 이 에너지 양을 칼로리로 나타내는 것이랍니다. 칼로리(cal)는 적은 양이어서 대부분의 식품은 킬로칼로리(kcal)로 표시한답니다(1kcal=1,000cal).

1g의 물을 1도 올리는데 필요한 열량이 1칼로리

음식을 먹으면 열량이 생겨요

탄수화물 4kcal/g	
단백질 4kcal/g	
지질 9kcal/g	
알코올 7kcal/g	

각 음식의 무게에 왼쪽의 숫자를 곱하면 그 음식의 총칼로리양을 알 수 있어

나이와 성별에 따라 필요한 칼로리양이 달라요

나이에 따라서 필요한 칼로리양은 변해요. 남자와 여자 차이도 있답니다. 초등학교 3학년 남자라면 하루에 2,300kcal, 초등학교 3학년 여자라면 하루에 2,000kcal 칼로리가 필요해요.

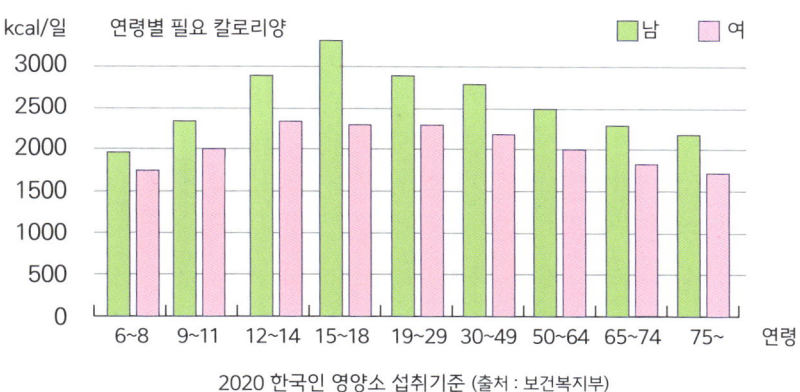

2020 한국인 영양소 섭취기준 (출처 : 보건복지부)

체중이 50kg인 사람이 소비하는 칼로리양

청소기 돌리기(15분) 33kcal

조깅(20분) 123kcal

설거지(10분) 20kcal

야구(30분) 131kcal

요리(30분) 66kcal

축구(45분) 276kcal

열량의 단위 2 — 줄(J)

줄은 열량, 에너지, 일의 양을 나타내는 단위예요

줄도 열량(에너지)을 나타내는 단위예요. 1줄은 약 100그램의 물체를 1미터 들어 올릴 때 필요한 에너지양이랍니다. 특히 힘을 사용해서 움직이는 것을 일이라고 하고, 그 양을 일양이라고 해요. 사실은 열량, 에너지, 일양은 모두 같은 뜻이에요. 칼로리가 열을 얼마나 낼 수 있는지 알 수 있는 단위라면, 줄은 어느 정도 일을 할 수 있는지를 측정하기 위한 단위라고 할 수 있어요.

1줄은 작은 사과 정도의 무게를 1미터 들어 올릴 때 필요한 에너지의 양

열역학의 발전에 공헌한 '줄'

19세기 영국의 물리학자, 제임스 프레스콧 줄은 양조장을 운영하는 부유한 집에서 태어났어요. 그래서 따로 돈벌이를 위한 직업을 갖지 않고 자기 돈으로 연구를 계속할 수 있었다고 해요. 줄은 '줄의 법칙'과 '에너지 보존 법칙'을 발견하는 등 물리학의 기초가 되는 눈부신 성과를 거두었어요. 이러한 줄의 연구를 높이 평가해서 이후 그의 이름을 단위로 쓰게 되었답니다.

**열량을 나타내는 단위로
칼로리와 줄을 쓰는 데는 이유가 있어요**

지금은 칼로리를 먹을 것에 관한 열량의 의미로만 사용해

칼로리와 줄은 모두 열량을 나타내는 단위예요. 1칼로리는 대체로 4.2줄입니다. 왜 똑같은 열량 표기에 두 가지 단위를 사용할까요? 원래 칼로리는 1그램의 물을 1℃ 올리는 데 필요한 열량이라고 정했어요. 그런데 나중에 과학이 더 발전해서 물을 1℃ 올리는 데 필요한 열량이 물의 온도에 따라 다르다는 것을 알게 되었답니다. 실제로 0℃의 물을 1℃ 올리는 것과 15℃의 물을 1℃ 올릴 때 필요한 열량이 약간 달라요. 이런 혼란을 피하려고 줄이라는 새로운 단위를 사용하게 되었어요.

연료에 따른 발열량

연료	양	발열량
등유	1L	36.7 MJ
경유	1L	37.7 MJ
제트연료유	1L	36.7 MJ
액화석유가스(LPG)	1kg	50.8MJ
액화천연가스(LNG)	1kg	54.6MJ
전력	1kWh	9.28~9.97MJ

메가줄이라고 불리는 단위도 자주 사용해. 1메가줄은 1,000,000줄이야

피에이치 (pH)

실험할 때 리트머스 시험지를 사용해 본 적이 있나요?

리트머스 시험지를 사용하면 물질의 산성·알칼리성·중성 여부를 알 수 있어요. 얼마만큼 산성인지, 알칼리성인지는 pH 단위를 사용해서 나타내요. 리트머스 시험지로는 pH까지는 알 수 없답니다. pH를 측정하려면 pH 시험지를 사용해요.

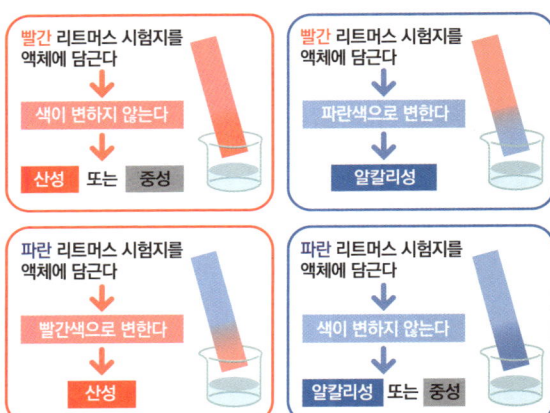

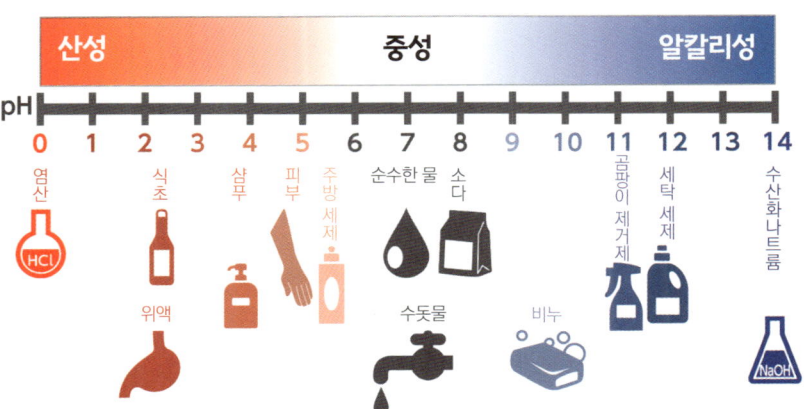

산성인 물질과 알칼리성 물질은 성질이 달라요

산성이나 알칼리성은 고체인 상태에서는 성질이 드러나지 않아요. 물에 녹였을 때만 성질이 나타나고 측정할 수 있답니다. pH7은 중성이고 이것보다 수치가 낮으면 산성, 높으면 알칼리성을 나타내요. 숫자가 적으면 적을수록 산성 성질이 강해지고, 크면 클수록 알칼리성 성질이 강해져요.

산성 물질의 성질

산성 물질은 혀로 핥으면 신맛이 나요. 금속과 반응해 수소 가스를 만든답니다.

알칼리성 물질의 성질

알칼리성 물질은 보통 쓴맛이 나고 단백질을 녹이는 성질을 가지고 있어요. 피부도 단백질이라 알칼리성 물질이 묻으면 미끌미끌하게 녹아요.

토양의 pH에 따라서 식물을 키우는 방법이 달라져요

식물을 키울 때는 흙의 pH가 큰 영향을 미쳐요. 보통 식물은 약산성의 흙을 좋아하지만, 우리나라의 토양은 산성도가 높은 편이에요. 산성도가 너무 강하면 식물이 잘 자라지 않아서 토양개량제를 이용해 산성도를 낮춰야 한답니다.

수국처럼 땅의 산성도에 따라 꽃의 색이 바뀌는 것도 있어요. 산성일 때는 꽃이 파란색이 되고 알칼리성일 때는 빨간색이 돼요.

채소의 적정 pH

pH	채소의 종류
6.5~7.0	시금치, 완두콩
6.0~6.5	상추, 브로콜리, 호박, 가지, 토마토
5.5~6.5	양배추, 양파, 딸기, 순무, 당근
5.5~6.0	고구마, 감자, 생강, 마늘

꽃의 적정 pH

pH	꽃의 종류
6.5~7.5	나팔꽃
5.5~7.0	장미
6.0~7.0	수국(빨강)
4.0~5.0	수국(파랑)
4.5~5.0	철쭉

방사선의 단위
베크렐(Bq), 시버트(Sv)

지금 읽고 있는 책과 우리 몸이 모두 원자로 만들어졌다는 걸 알고 있나요?

이 세상의 여러 가지 물질은 원자로 이루어져 있어요. 원자는 눈에 보이지 않는 알갱이지만 지금 이 책도, 책을 보고 있는 여러분의 몸도 모두 원자로 가득 차 있어요. 원자는 정말 다양한 종류가 있고, 각각 다른 물리적 성질을 가져요.

예를 들면, 수소는 가장 가벼운 원자예요. 수소를 커다란 풍선 같은 기구에 넣어 비행선을 만든 적도 있어요. 하지만 폭발하기 쉽고 실제로 폭발 사고가 일어난 적도 있어서 현재는 사용하지 않아요. 대신 수소 다음으로 가볍고 안정적인 헬륨이라는 원자를 사용한답니다. 놀이공원에 가 보면 하늘로 둥둥 뜨는 풍선을 볼 수 있는데 이것도 헬륨을 사용해요.

사람은 호흡을 하면서 산소라는 원자를 들이마셔요. 몸속에 들어온 산소는 영양소를 태우고 에너지를 만드는 등 원자는 여러 가지 역할을 한답니다.

수소
원자 중에서 가장 가벼워요. 폭발하기 쉬워 조심히 다루어야 해요. 차세대 에너지로도 주목받고 있어서 수소를 이용해 달리는 자동차도 나왔어요.

헬륨
두 번째로 가벼운 원자예요. 매우 안정적이라 풍선 등에 사용해요.

리튬
노트북 컴퓨터나 전기자동차 배터리로 사용되는 리튬이온 전지의 원료예요. 지금까지 나왔던 일반 전지보다 출력은 더 크지만, 작고 가볍게 만들 수 있어요.

탄소
나무나 종이에 많이 들어 있고 불을 붙이면 산소와 반응해서 타요. 오래전부터 주위를 따뜻하게 하거나 요리를 하는 등 여러 가지로 활용해 왔어요.

원자는 전자, 양성자, 중성자로 되어 있어요

원자의 크기는 아주 작아요. 사실 그 작은 원자도 더 작은 알갱이들로 이루어져 있어요. 원자의 중심에는 양성자와 중성자라는 원자핵이 있고, 원자핵 바깥쪽에는 전자 알갱이가 돌고 있어요. 원자의 성격은 양성자, 중성자, 전자의 수에 따라 정해져요. 여기서 양성자는 플러스, 전자는 마이너스 전기를 띠고 있고, 중성자는 플러스도 마이너스도 아닌 중성이랍니다.

원자 중 가장 가벼운 수소는 양성자 1개와 전자 1개로 되어 있고, 헬륨은 양성자 2개, 중성자 2개, 전자 2개로 되어 있어요.

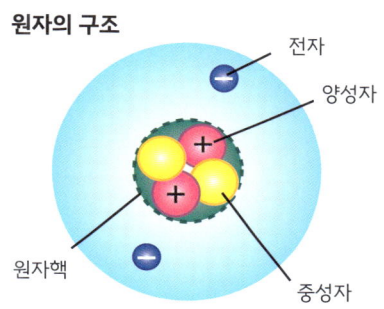

원자의 구조

불안정한 원자에서 방사선이 나와요

보통 원자는 양성자, 중성자, 전자가 균형을 이루고 있어서 간단히 분해되지 않아요. 하지만 어떤 원자들은 원자핵에 중성자가 조금 더 들어 있을 때가 있어요. 이런 원자는 불안정해서 그대로 두면 원자핵이 저절로 붕괴해 방사선이 나오는 경우가 있답니다.

이때 원자핵으로부터 중성자 2개, 양성자 2개(헬륨 원자핵)가 튀어나온 것을 알파선이라고 하고, 전자가 튀어나온 것은 베타선이라고 해요. 그밖에 감마선이라는 것도 있는데, 이것은 알갱이가 아니라 전자파로 된 에너지가 나오는 거예요.

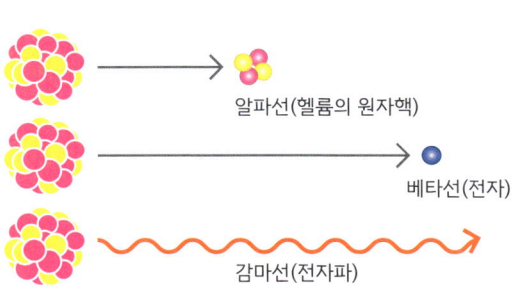

베크렐은 방사선의 세기를 나타내는 단위예요

방사선의 세기를 나타내는 단위로 베크렐을 사용해요. 앞에서 불안정한 원자의 원자핵이 붕괴할 때 알파선, 베타선, 감마선이 방출된다고 했어요. 베크렐이란 1초 동안 원자핵이 몇 번 붕괴하는지를 나타내요. 예를 들어 1초에 2번 붕괴하는 것이 2Bq이랍니다.

앙리 베크렐
19세기 프랑스의 물리학자. 방사선의 발견자로 피에르 퀴리, 마리 퀴리와 함께 노벨 물리학상을 받았어요. 베크렐이라는 단위는 이 사람의 이름에서 유래했답니다.

시버트는 방사선이 인체에 주는 영향을 나타내는 단위예요

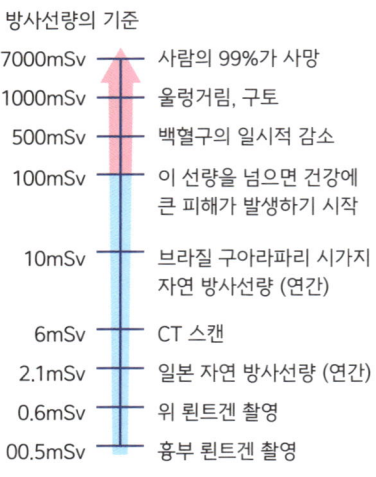

방사선량의 기준
- 7000mSv — 사람의 99%가 사망
- 1000mSv — 울렁거림, 구토
- 500mSv — 백혈구의 일시적 감소
- 100mSv — 이 선량을 넘으면 건강에 큰 피해가 발생하기 시작
- 10mSv — 브라질 구아라파리 시가지 자연 방사선량 (연간)
- 6mSv — CT 스캔
- 2.1mSv — 일본 자연 방사선량 (연간)
- 0.6mSv — 위 뢴트겐 촬영
- 00.5mSv — 흉부 뢴트겐 촬영

베크렐은 방사선의 세기를 뜻하고, 시버트는 방사선에 쬐었을 때 몸에 어떤 영향이 있는지 나타내는 단위예요. 사람의 몸은 방사선을 받으면 세포가 상처를 입어 병에 걸리기도 하고, 방사선을 많이 받으면 사망하는 경우도 있어요. 하지만 우리 몸의 세포는 회복하는 기능이 있어서 아주 적은 양의 방사선이라면 문제는 없어요. 100mSv 이하라면 건강에 큰 영향은 없어요. 이런 기준으로 쉽게 사용할 수 있는 게 시버트라는 단위예요.

각 지역에서 발표하는 공간선량률(대기 중 방사선량)에는 마이크로시버트(μSv/h)가 사용되고 있어요

2011년 후쿠시마 제1원자력 발전소에서 일어난 사고로 대량의 방사성 물질이 방출되었어요. 그 이후 일본의 각 지역에서는 어느 정도의 방사선량이 나오는지 공간선량률로 측정해서 발표하고 있답니다. 공간선량률은 한 공간에서 인체가 방사선을 1시간 동안 얼마나 받는지 나타내는 수치로 시버트 단위를 사용해요.

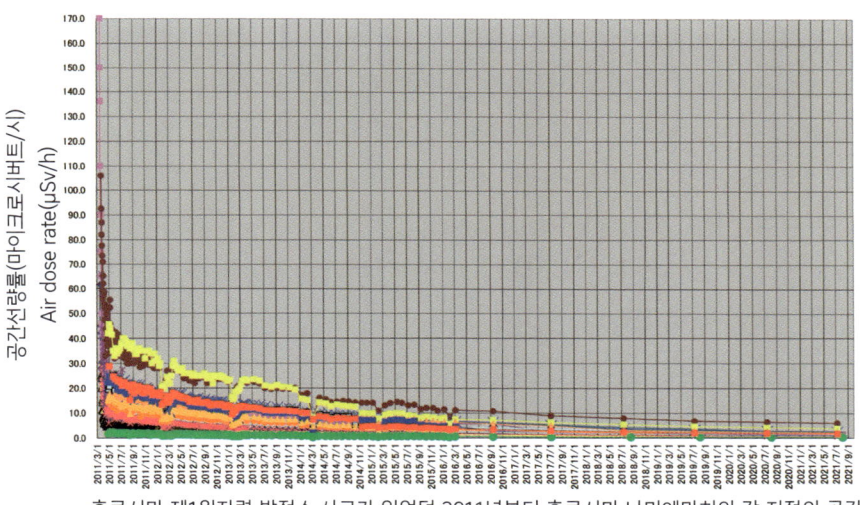

후쿠시마 제1원자력 발전소 사고가 있었던 2011년부터 후쿠시마 나미에마치의 각 지점의 공간 선량 그래프. 시간이 지날수록 수치가 낮아지는 것을 알 수 있어요.

출처: 원자력규제위원회 홈페이지

땅속에서 발굴된 동식물이나 토기의 연대를 알기 위해서 방사선을 사용하고 있어요

땅속에서 발굴한 동식물이나 토기 등의 해당 연대를 방사선을 활용해서 측정할 수 있어요. 보통 발굴한 동식물이나 물체에는 '탄소 14'라는 방사성 물질이 들어 있는데, 탄소 14가 다른 물질과 비교해서 얼마나 많이 들어 있는지 그 비율을 알아내면 연대를 알 수 있답니다.

> 정전기 때문에 깜짝

책받침에 머리카락이 달라붙는 것은 정전기 때문이에요

책받침을 머리카락에 문지르면 머리카락이 달라붙어요. 이것은 정전기 때문에 일어나는 현상이에요. 책받침을 문지르기 전에는 책받침에 플러스와 마이너스 정전기가 골고루 퍼져 있어서 끌어당기는 힘이 발생하지 않아요. 그런데 책받침으로 머리카락을 문지르면 머리카락에 있던 마이너스 전기가 책받침으로 이동해요. 책받침은 마이너스, 머리카락은 플러스 성질이 되어 서로 달라붙는 힘이 발생하게 된답니다.

특히, 책받침은 마이너스 전기를 잘 끌어당기는 염화비닐을 재료로 써서 정전기가 더 쉽게 만들어져요.

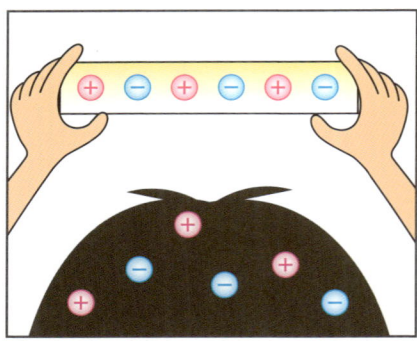
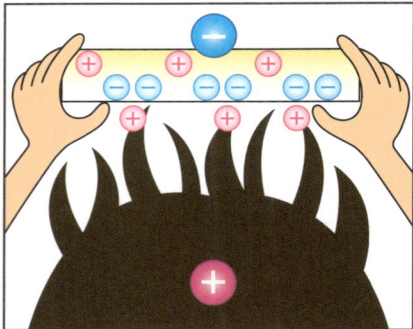

겨울에는 정전기가 자주 발생해요. 스웨터를 벗을 때 '찌직' 소리와 동시에 머리가 폭탄을 맞은 것처럼 변한 경험이 있을 거예요. 다른 계절에는 괜찮다가 왜 겨울만 되면 정전기가 자주 생길까요? 그건 바로 습도 때문이에요. 습도가 높으면 전기친화성이 있는 수증기가 주변의 전하를 띠는 입자들을 중성 상태로 만들어 정전기가 발생하기 어려워요. 정전기는 건조할 때 잘 생기는데 상대적으로 습도가 낮아 건조한 겨울철에 잘 발생하는 것이랍니다.

겨울에 금속 손잡이를 잡으면 손이 '지지직'하는 것도 정전기 때문이야. 옷이 서로 비벼지면 정전기가 쌓이는데, 금속을 만지는 순간 쌓여 있던 전기가 한꺼번에 흐르는 거야.

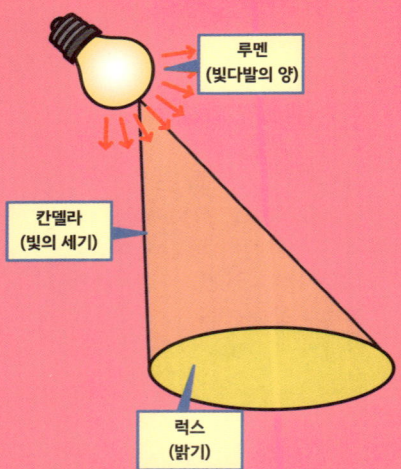

제5장
사회의 단위

우리가 일상생활을 할 때도 많은 단위들을 볼 수 있어요. 소리, 빛, 기울기, 화폐, 달력 등 우리 주변에서 자주 사용되는 단위를 모아서 소개합니다.

| 소리의 단위 | # 데시벨 (dB) |

'음압'은 소리의 크기를 나타내요

음압은 소리의 크기를 나타내는 단위예요. 소리는 공기나 물을 진동시켜서 파도처럼 전해져요. 파도의 높이가 높을수록 소리가 커지고 높이가 낮아지면 소리도 작아진답니다. 데시벨은 소리 차이를 비율로 나타낸 것이에요.

0dB은 소리가 없는 게 아니라 사람이 간신히 들을 수 있는 크기의 소리를 말해요. 20dB은 0dB의 10배로 나뭇잎이 살짝 부딪히는 크기의 소리랍니다. 40dB은 0dB의 100배로 조용한 도서관에서 나는 크기의 소리예요.

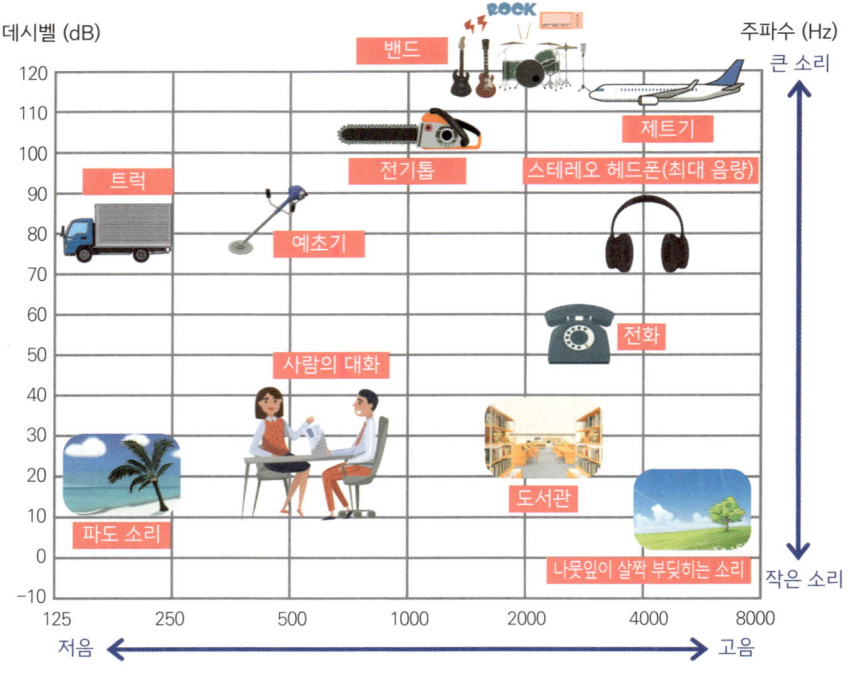

 **여러 사람이 합창할수록 소리도 그만큼 커지는 걸까?**

여러분이 혼자서 노래를 부르고 있을 때 소리 크기가 60dB이라면 같은 소리의 크기를 가진 친구와 함께 합창한다고 해서 60dB + 60dB = 120dB이 되지는 않아요. 실제로 대략 63dB 정도의 크기가 된답니다.

이런 점에서 데시벨이라는 단위는 조금 이해하기 어렵지만, 실제 사람이 듣는 소리의 크기를 잘 표현하고 있어요.

 ## 노이즈 캔슬링의 원리

소리는 파도로 되어 있다는 것을 이미 알아보았어요. 지우고 싶은 소리의 파도와 상반되는 모양의 파도를 만들어 두 파도를 서로 겹치는 것이 노이즈 캔슬링의 원리예요.

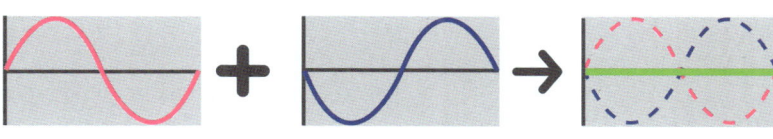

원래의 음파 + 반대 위상의 음파 → 음파의 위쪽 부분과 아래쪽 부분을 더하면 거의 0이 되어서 소리가 사라져요.

 시끄러운 소리의 파도를 반대 모양의 파도로 만들어 더하면 조용한 소리의 파도가 되는구나!

빛의 단위

칸델라 (cd), 루멘 (lm), 럭스 (lx)

3가지 방법으로 빛을 나타내요

칸델라 (cd)

칸델라는 빛을 내는 물체에서 나오는 빛의 세기를 나타내는 단위예요. 그 세기를 '광도'라고 불러요. 1칸델라는 양초 1개의 밝기를 말해요.

루멘 (lm)

루멘은 빛을 내는 물체에서 나오는 빛의 양을 나타내는 단위예요. 그 양을 '광속'이라고 한답니다. 빛을 내는 물체는 보통 한 방향이 아니라 여러 방향으로 빛을 퍼뜨려서 내보내는데, 그 빛줄기를 모두 모은 양을 나타내요.

럭스 (lx)

칸델라와 루멘이 빛이 나오는 곳의 단위라면, 럭스는 빛이 실제로 닿는 장소의 밝기인 '조도'를 가리키는 단위예요. 1루멘의 빛이 1제곱미터의 면에 골고루 비칠 때 그 면의 밝기를 1럭스라고 해요.

루멘 (빛다발의 양)
칸델라 (빛의 세기)
럭스 (밝기)

칸델라, 루멘, 럭스의 차이

광도가 높아도 조도가 높다고는 할 수 없어

모두를 안전하게 지키는 조도 기준

사람들이 안전하게 시설을 이용할 수 있도록, 산업안전 보건기준 규칙 8조와 한국표준협회(KSA)에서 시설에 맞는 조도 기준을 정했어요.

학교
- 칠판 500럭스 이상
- 교실 전체 300럭스 이상
- 책상 위 500~1,000럭스

병원

대기실 150~300럭스

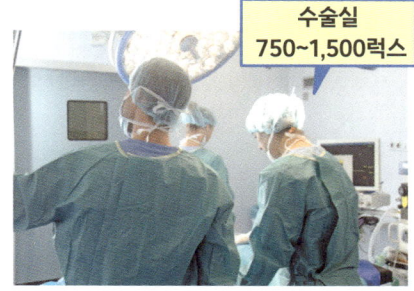

수술실 750~1,500럭스

계단 75~150럭스

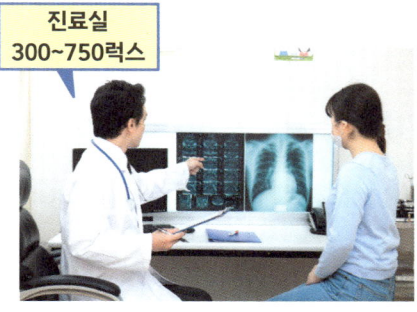

진료실 300~750럭스

비율의 단위

퍼밀 (‰)

아주 작은 비율을 나타내요

퍼밀(‰)이란 1,000분의 1을 1로 계산하는 단위며, 천분율이라고 부른답니다. 1‰은 0.1%를 뜻해요. 염분량이나 길의 경사를 표시할 때는 아주 적은 비율을 나타내야 하기 때문에 퍼밀을 사용해요.

언덕길의 경사

기차 선로의 기울기 표지판은 선로가 얼마나 기울었는지 가리켜요. 예를 들어, 20퍼밀 오르막 표시는 기차가 1,000m를 이동하는 동안 기차의 높이가 20m 올라가는 기울기를 뜻해요.

스위스 필라투스 철도 — 선로의 경사가 세계 최고

선로 기울기가 480퍼밀로 아주 급경사라 열차 모양이 직사각형이 아니라 평행사변형이에요.

염분 농도

해수 1킬로그램에 포함된 염분은 약 30그램으로, 이 경우 염분 농도는 3퍼밀이에요.

이스라엘 사해 — 해수의 염분 농도가 세계 최고

사해의 염분 농도는 약 300퍼밀로 보통의 바닷물의 약 10배예요. 사해에 들어가면 몸이 둥둥 뜨는 걸 알 수 있어요. 너무 염분 농도가 높아서 물고기는 살 수 없어 사해(죽음의 바다)로 불려요.

우리나라의 도로를 알아볼까요!

우리가 흔히 다니는 도로는 경사도가 최대 12%랍니다. 이 정도만 되어도 보통 차들은 아주 힘겹게 경사를 올라가요. 하지만 산이나 시골에 있는 도로에는 종종 13~17%까지 경사가 있다고 해요. 17%를 넘어가면 작은 숫자지만 아주 가팔라서 안전 규정상 17%를 넘는 도로는 없어요. 흔히 우리가 만나는 도로의 오르막 내리막은 6~8%의 경사예요.

지상 50m 높이 교량 위에서 360도 회전하는 커브길

부산항대교의 진입로 구간은 너무 가파른 경사가 생기지 않도록 직선이 아니라 원을 그리며 올라가게 되어있어요. 그래도 여전히 경사가 심하고 도로의 폭도 좁아 많은 사람이 무서워한다고 해요. 그래서 이 구간을 '공포의 구간'이라고 부르는 사람도 있답니다.

우와~ 이런 곳도 있구나

돈의 단위
원(₩), 달러($), 그 밖의 돈

원(₩)은 대한민국 돈의 단위예요

원은 우리나라 돈의 단위예요. 1950년 6월 12일 한국은행이 세워지면서 처음 생겼어요.
가장 최근에 만들어진 돈은 2009년 6월에 만들어진 오만 원권 지폐예요.

10,000원 지폐

50,000원 지폐

100원 동전

달러($)는 미국과 몇몇 나라의 돈의 단위예요

달러는 미국 돈의 단위예요. 달러에는 캐나다 달러, 오스트레일리아 달러, 홍콩 달러 등 몇 가지 종류가 있어요. 하지만 보통 '달러'라고 하면 미국의 달러를 말해요.
'센트'는 보조로 사용하는 돈의 단위로 1792년부터 사용했어요. 100센트가 1달러이고 1센트 동전은 '페니'라고도 부른답니다. 참고로 각 나라 돈의 가치를 환산한 비율을 '환율'이라고 해요.

1달러 지폐

25센트   10센트   5센트   1센트

1달러 = 1,308원 (2023년 3월 22일 기준 환율)

그 밖의 세계의 돈

 영국
£ 파운드

1파운드 = 1,605원
(2023년 3월 22일 기준 환율)

 1파운드 동전

 5파운드 지폐

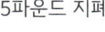 유럽 연합
프랑스, 독일, 이탈리아 등의 유럽 27개국
(2023년 3월 현재)
€ 유로

1유로 = 1,409원
(2023년 3월 22일 기준 환율)

 2유로 동전

 500유로 지폐

 중국
¥ 위안

1인민 위안 = 189원
(2023년 3월 22일 기준 환율)

 1위안 동전

 20위안 지폐

 일본
¥ 엔

1엔 = 9원
(2023년 3월 22일 기준 환율)

 10엔 원 동전

 10,000엔 지폐

세계에는 더 많은 종류의 돈이 있어

세계 여러 나라를 여행해 보고 싶어

이런저런 돈 이야기

우리나라에서 가장 오래된 돈은 뭘까?

996년 고려 성종 때 주조한 한국 최초의 화폐. 중국 당나라에서 발행한 건원중보를 따라서 만들었어요.

1097년 숙종 때 '해동통보'가 만들어졌어요. 이 시기에는 해동통보 이외에도 여러 다른 동전들도 많이 만들어졌다고 해요.

해동통보

조선통보

1392년 고려 공양왕 4년에 '저화'가 발행되었으나 많이 쓰이지는 않았어요.

1423년 세종대왕이 '조선통보'를 만들었어요. 널리 유통되지는 않았어요.

상평통보

1678년 숙종이 '상평통보'를 발행했어요. 우리나라 최초로 전국적으로 사용된 화폐예요.

당백전

1866년 고종 때 대원군이 '당백전'을 만들어 유통했지만, 6개월밖에 사용되지 않았어요.

1883년 고종 때 새로운 화폐인 '당오전'을 발행하고 유통했어요.

근대식 화폐

1950년 원 단위의 근대식 화폐가 만들어졌어요.

2009년 처음으로 5만 원권 지폐가 등장했어요.

5만 원권 지폐

2018년 평창 동계올림픽대회를 기념해서 2천 원권이 나오기도 했답니다.

2천 원권

경제력을 수학으로 표시한 '빅맥지수'

각 나라의 맥도날드 햄버거 가격으로 환율과 물가를 알아보는 방법이 있어요. 맥도날드가 어느 나라에나 있기 때문에 간편하게 각 나라의 경제력을 알 수 있답니다. 한국과 미국의 빅맥 가격이 다르다는 것을 아나요? 2017년 7월 기준으로 미국에서는 빅맥이 5.3달러였지만 당시 한국에서는 4,400원이었어요. 4,400원은 당시 달러 환율로 3.84달러였지요. 실제로는 같은 빅맥이지만, 같은 나라의 돈으로 통일해도 여전히 가격 차이가 나타나요.

같은 빅맥이 왜 나라마다 가격이 다를까요? 그것은 나라마다 각국의 돈이 가지는 '힘'이 다르기 때문이에요. 나라마다 돈의 힘 차이가 발생하는 이유는 '환율'과 큰 관련이 있어요. 이걸 좀 더 알기 쉽게 각 나라의 돈으로 얼마에 빅맥을 살 수 있는지를 나타낸 것이 빅맥지수예요.

네트워크 사회의 돈, 가상화폐

비트코인 'BTC'이란 전자 데이터만으로 거래할 수 있는 돈을 말해요. 각 나라에서 발행한 돈과는 달리 주로 인터넷상의 거래에 이용되고, 실제 지폐나 동전의 형태가 아니라는 것이 특징이에요.

2009년에 비트코인이 등장한 이후로 차례차례 가상화폐라는 전자 통화가 생겨났고 점점 더 많은 곳에서 이용되고 있어요.

1비트코인 = 약 3천1백만 원이에요.
(2023년 2월 19일 현재)

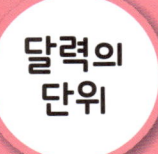

세기, 태양력, 태음력

세기란 100년을 한꺼번에 묶어서 세는 것을 가리켜요

100년을 하나로 묶어서 서력을 세는 방법으로, 1세기=100년이에요. 예수 그리스도가 태어난 해를 기준으로 세기 시작해 그 이후를 기원후라고 하며, 그리스도가 태어난 해를 기원 1년이라고 해요.

20세기는 1901년 1월 1일부터 2000년 12월 31일 자정까지고, 2001년 1월 1일부터는 21세기가 된답니다.

반대로 그리스도 탄생 이전을 기원전이라고 불러요. 기원전 100년대라고 하는 것은 기원전 199년부터 기원전 100년까지를 말해요

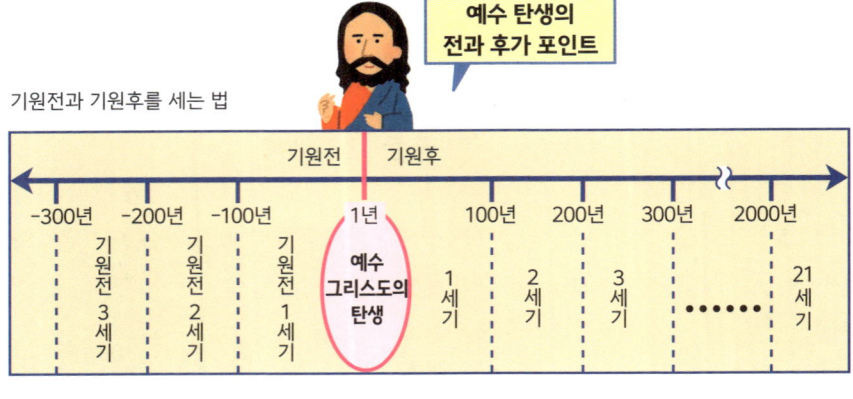

예수의 탄생이 기원 0년이 아니네!

세기를 세는 법은 약간의 요령이 필요해

태양과 달의 움직임으로 1년을 정해요

태양력

지구가 태양의 주위를 도는 공전운동을 기준으로 만든 달력이에요. 1년은 365일, 4년에 한 번 돌아오는 윤년은 366일이에요. 1년이 정확히 365일이 아니고 좀 더 길어서 일정한 주기가 계속되게 하려고 윤년을 만들었어요. 우리가 지금 사용하는 달력은 태양력을 사용해요.

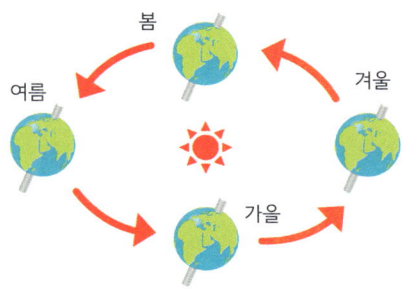

태양력 지구가 태양 주위를 공전하는 시간이 기준이라 계절과 달력이 일치해요.

태음력

지구에서 보는 달의 모양을 기준으로 한 달력이에요. 달이 둥근 보름달에서 초승달로 바뀌는 변화를 한 달로 정하고 있어서, 한 달은 29일이거나 30일이 돼요. 지금도 이슬람 국가에서는 '이슬람력'이라는 태음력을 사용하고 있어요. 태음력은 계절과 크게 어긋나서 2~3년에 한 번 윤달을 두어 1년을 13개월로 세고 있답니다.

태음력 달이 차고 기우는 것을 기준으로 몇 월 며칠인지를 세며, 계절과 달력이 완벽히 일치하지 않아요.

태음태양력

한국 음력은 시헌력을 바탕으로 해요. 태음력에 태양력의 원리를 적용해서 만든 것으로, 24절기의 시각과 하루의 시각이 정밀하게 계산된 역법이랍니다.

태음태양력 달의 변화를 기준으로 월일을 세고, 태양의 위치를 기준으로 계절을 정했어요.

옛날에 우리나라에서 사용하던 단위들

옛날의 단위

길이의 단위

1푼 (한 푼) = 0.3cm

푼은 원래 '10분의 1'을 나타내는 말이에요. 한 치의 10분의 1이라는 의미로 푼이라는 단위를 쓰게 되었답니다.

1촌 (한 치) = 10푼 = 3.03cm

손가락 마디 하나의 길이를 한 치라고 해요. '한 치의 오차도 없어야 한다.' 할 때 '치'가 바로 길이의 단위 랍니다.

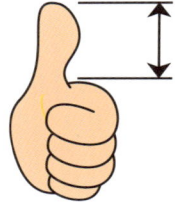

1척 (한 자) = 10촌 = 30.3cm

옛날에 키를 잴 때 자주 사용하는 단위였어요. 키가 아주 큰 사람을 보고 9척 장신이라고 하는데 실제로는 270cm가 넘는 키를 말해요.

넓이의 단위

평

평은 최근까지 사용했던 단위로 1평은 약 $3.3m^2$이에요. 토지나 건물의 넓이를 표시하기 위해 사용한답니다. 평이라는 단위는 일제 강점기에 일본에서 들어온 단위로 최근까지 사용했지만, 2007년 '계량에 관한 법률'이 제정되면서 일본식 단위 대신 미터법을 사용하게 되었어요. 하지만 아직도 평 단위에 익숙한 사람이 많아서 완전히 사라지지는 않았어요.

무게의 단위

돈

한 돈은 3.75g 정도예요. 주로 금속, 한약재 등을 잴 때 사용하고, 지금은 금이나 은의 무게를 잴 때 많이 사용해요.

근

한 근은 160돈 정도로 약 600그램에 해당해요. 예전에 정육점에서 고기를 살 때 많이 사용했던 단위랍니다.

부피의 단위

되

한 되는 한 말의 10분의 1로 약 1.8L입니다. 곡식이나 가루, 액체 따위의 부피를 잴 때 사용해요.

섬

한 섬은 한 말의 열 배로 약 180L에 해당해요. 주로 쌀 한 가마니를 1섬이라고 한답니다.

돌의 단위

캐럿, 모스경도

돌과 관련된 단위들도 있어요

캐럿

보석의 무게를 측정할 때 사용하는 단위로 1캐럿은 200mg이에요. 주로 다이아몬드의 무게에 사용한답니다. '캐럿(carat)'은 '로커스트 콩(locust bean)'에서 온 말이에요. 아라비아 상인이 이 콩을 이용해서 보석의 무게를 재었기 때문에 이런 이름이 붙었다고 해요. 로커스트 콩의 무게는 하나에 200mg 정도였기 때문에 1캐럿은 200mg이 되었어요.

모스경도

광물의 단단함의 정도를 나타내는 단위예요. 가장 단단한 광물은 10, 가장 부드러운 광물을 1이라고 표시하고 단단한 정도를 측정해요. 광물의 굳은 정도를 알아볼 때는 두드려서 깨뜨리는 것이 아니라 광물끼리 긁어서 표면에 자국이 남는지 확인하는 방법을 사용해요. 다이아몬드는 가장 단단한 광물이지만, 실제로 세게 떨어뜨리면 깨진답니다.

토르말린 : 경도 7

사파이어 : 경도 9

다이아몬드 : 경도 10

호박 : 경도 2

형석 : 경도 4

아파타이드 : 경도 5

달에서 들고 온 돌은 얼마나 딱딱할까?

1969년 미국 NASA의 아폴로 11호가 처음으로 달에 착륙했어요. 이때 우주 비행사들이 월석을 채취해 지구로 돌아왔답니다. 이들이 가져온 월석을 분석한 결과 모스경도는 약 7.5라는 것을 알게 되었어요.

아폴로 11호

달 탐사

달에 있던 돌이 엄청 딱딱하지는 않구나

달의 돌(월석)

©NASA

하지만 달의 돌은 지구에 있는 돌보다 오래된 거래

127

정체가 궁금한 기호
일상생활 속에서 자주 보는 단위가 궁금해요

H/F/B

연필심의 단단함과 진하기를 나타내는 단위예요. H 앞의 숫자가 클수록 단단하고, B 앞의 숫자가 클수록 부드럽답니다. F는 그 중간 정도를 뜻해요.

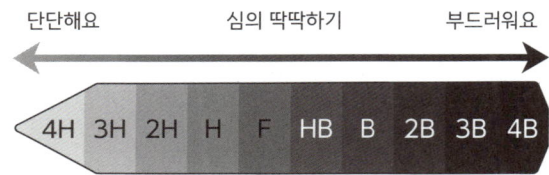

단단해요 ← 심의 딱딱하기 → 부드러워요
4H 3H 2H H F HB B 2B 3B 4B

연필을 살 때 B나 H에 숫자가 적혀 있어서 헷갈려

연필심이 부드러울수록 글자를 진하게 쓸 수 있어. 숫자가 큰 B 연필로 글자를 쓰면 아주 진하게 쓸 수 있어

연필심의 딱딱하기는 H, F, B로 표시해요

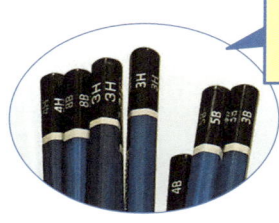

SPF

선크림이 어느 정도의 효과가 있는지를 나타내는 단위예요. SPF10 선크림은 선크림을 바르지 않았을 때와 비교해서 10배 더 긴 시간 동안 피부가 타지 않게 보호해 준답니다.

SPF 숫자가 클수록
선크림의 효과는 커져

해변에 나갈 때
SPF가 높은 선크림을 바르라는 건
무슨 말이지?

	SPF 10	SPF 20	SPF 30	SPF 40	SPF 50	SPF 50+
PA+	산책이나 쇼핑 등 일상생활					
PA++		실외의 가벼운 스포츠 레저활동				
PA+++			뜨거운 태양 아래 활동이나 리조트의 해양 스포츠 등			
PA++++						

SPF 숫자가 크면 클수록 피부가 빨갛게 변하지 않도록 보호해 주는 효과가 크답니다. PA는 +가 많을수록 살이 검게 타는 것을 막아주는 효과가 좋아요.

1비트 (1자리)
0 또는 1

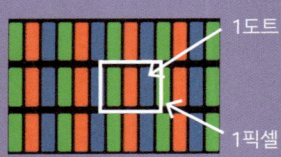
1도트
1픽셀

1024배　1024배　1024배　1024배
1B (바이트)　1KB (킬로바이트)　1MB (메가바이트)　1GB (기가바이트)　1TB (테라바이트)

제6장
디지털의 단위

컴퓨터와 스마트폰 등 디지털 기기를 더 잘 이해할 수 있는 단위를 소개해요. 디지털 단위를 잘 이해하면 컴퓨터 같은 기기들을 살 때도 도움이 될 거예요.

비트(b), 바이트(B)

정보량의 단위

컴퓨터 세계에서는 '이진법'으로 수를 센답니다

컴퓨터는 모든 정보량을 '0'과 '1'로 나타내요. 그래서 컴퓨터의 세계에서는 0과 1을 묶어서 단위를 만든답니다.

우리가 사용하는 숫자는 0부터 9까지 총 10가지로, 9 다음은 자릿수가 올라가 10이 돼요. 이렇게 10개의 숫자를 사용해서 10진법이라고 합니다. 컴퓨터 세계는 0과 1, 단 2개의 숫자를 사용해서 2진법이라고 해요. 10진법에서는 1 다음이 2지만, 2진법에서는 2라는 숫자가 없어서 1 다음이 10이 돼요.

이렇게 하면 컴퓨터로 표시되는 신호를 우리가 이해하기 어렵겠죠? 하지만 컴퓨터가 문자와 0과 1을 알아볼 수 있도록 숫자로 바꿔서 표시해 주니 실제로 사용할 때 아무 불편 없이 사용할 수 있어요.

2진법으로 생각하는 법

실제의 수	2진법(읽는 법)	10진법
🍎	........1(일) 1	1
🍎 🍎	........10(일영) 2	2
🍎 🍎 🍎	........11(일일) 3	3
🍎 🍎 🍎 🍎	........100(일영영) 4	4
🍎 🍎 🍎 🍎 🍎	........101(일영일) 5	5

 컴퓨터 정보의 가장 작은 단위는 비트, 소문자 'b'로 표시해요

기본적으로 컴퓨터가 사용할 수 있는 숫자는 0과 1밖에 없어요. 전기 신호가 켜진 상태와 꺼진 상태 2가지로만 모든 것을 나타낼 수 있기 때문이에요. 그래서 '켜짐 = 1', '꺼짐 = 0'이라는 상태를 하나의 단위로 묶어서 이진법을 사용해요. '비트'는 가장 작은 정보량의 단위로 이진법의 한 자릿수를 의미해요. 1비트는 0과 1을 표현하는 것이 가능해서 컴퓨터 정보량의 가장 기본 단위랍니다.

컴퓨터의 성능을 정보량으로 표시하기도 해요. '64비트'의 처리 속도라고 표시된 컴퓨터는 64자리 이진법의 수를 한 번에 다룰 수 있다는 의미예요.

 또는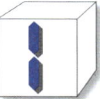

1비트는 0 또는 1의 **2가지**를 표시한다.

 8비트는 1바이트, 대문자 'B'로 표시해요

이진법의 8자리를 '바이트'라고 해요. 비트 다음으로 큰 단위랍니다. 1비트는 0과 1의 2가지 정보를 표현할 수 있으니까, 1비트가 8개 모인 바이트는 전부 256가지 정보를 표현할 수 있어요.

$2 \times 2 \times 2 \times 2 \times 2 \times 2 \times 2 \times 2 = 256$ 가지

처리 속도의 단위
클록 주파수(Hz), 비피에스(bps)

컴퓨터의 빠르기를 결정하는 건
클록 주파수 'Hz'예요

컴퓨터에는 CPU라는 두뇌가 있어요. 컴퓨터의 두뇌, 다시 말해 CPU의 성능을 나타내는 단위로 클록 주파수를 사용해요.

컴퓨터는 일정한 간격으로 발생하는 '클록'이라는 신호에 따라 작동해요. 1초에 클록 신호가 보내지는 횟수를 클록 주파수라고 하고 단위는 헤르츠(Hz)로 나타내요.

클록 주파수가 높을수록
컴퓨터의 계산도 빨라져

계산 문제를 같은 시간 안에 푸는 경우

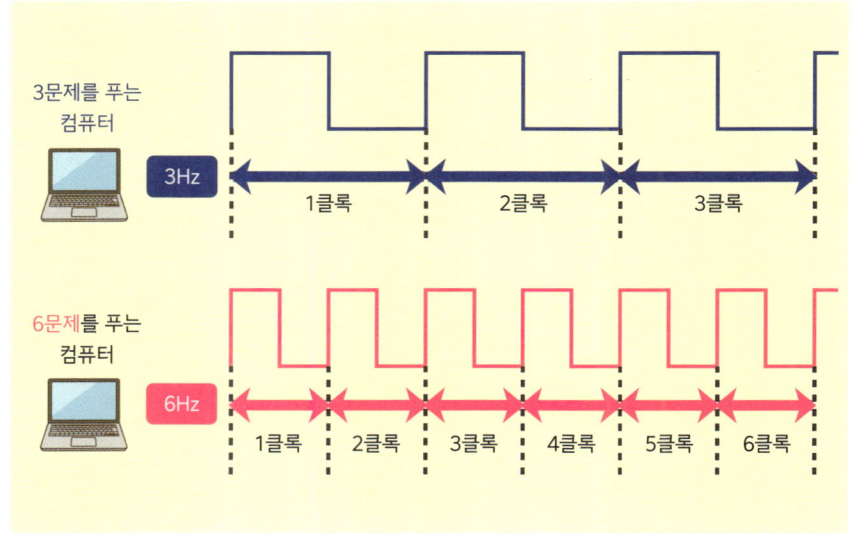

인터넷의 빠르기는 bps로 나타내요

인터넷 속도를 나타내는 단위예요. bps는 'bit per second (비트 퍼 세컨드)'의 약자로 1초에 몇 비트의 정보를 보낼 수 있는지를 가리켜요. bps가 클수록 인터넷 속도가 빠르답니다.

통신 속도는 업로드 속도와 다운로드 속도로 나뉘어요

인터넷 속도는 '업로드 속도'와 '다운로드 속도'의 2종류가 있어요.

업로드는 컴퓨터나 스마트폰에서 네트워크로 정보를 내보내는 걸 말해요. 업로드 속도가 빠르면 이메일, 동영상, 사진 등을 더 빨리 보낼 수 있어요.

다운로드는 네트워크에서 정보를 받는 걸 뜻해요. 다운로드가 빠르면 메일 수신이나 파일 다운로드가 빨라져요.

기차도 오는 길과 가는 길이 나뉘어 있듯이 인터넷도 오고가는 선이 다르구나

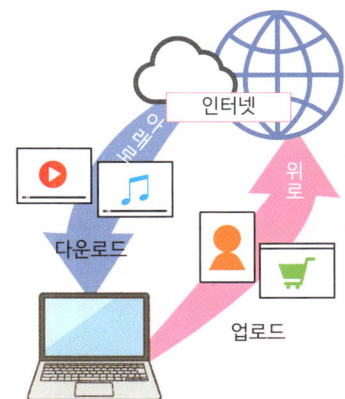

화질의 단위

픽셀 (px), 도트 (dot), 디피아이 (dpi)

픽셀은 디지털 이미지의 '화소'를 뜻해요

컴퓨터나 스마트폰이 보여주는 그림이나 사진은 부드럽고 선명해서 마치 진짜를 보고 있는 것 같아요. 하지만 실제로는 아주 작은 사각형들로 이루어져 있답니다. 이 하나하나의 작은 사각형을 '픽셀'이라고 합니다. 픽셀로 만들어진 화면을 디지털 그림, 디지털 사진이라고 해요.

픽셀은 빨강, 초록, 파랑의 '삼원색'을 조합해서 모든 색을 만들 수 있어요. 픽셀은 '화소'라고도 해요. 디지털 카메라나 스마트폰에서 촬영한 사진이 200만 화소라고 하면, 그 사진이 픽셀 200만 개 분량의 색 정보를 가지고 있다는 의미예요.

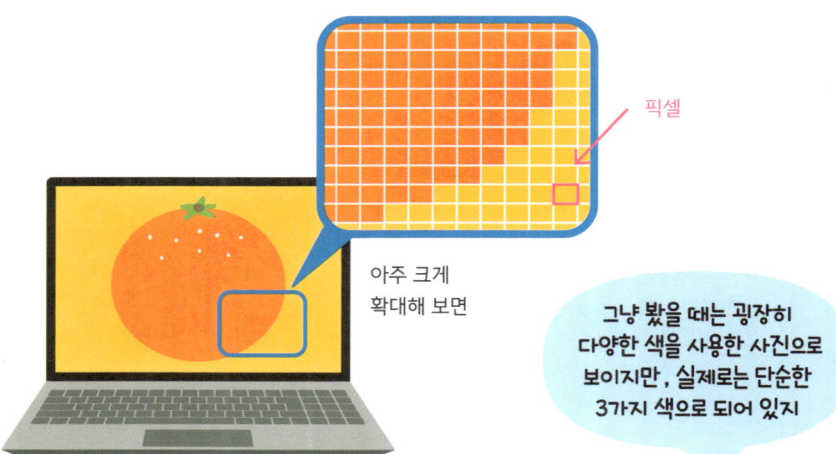

아주 크게 확대해 보면

그냥 봤을 때는 굉장히 다양한 색을 사용한 사진으로 보이지만, 실제로는 단순한 3가지 색으로 되어 있지

 **컴퓨터의 화면은 도트 'dot'로 되어 있어요**

도트는 디지털 사진이나 그림에 포함된 '점'을 말해요. 그래서 점의 수를 표시하는 단위도 도트예요. 픽셀과 마찬가지로 디지털 사진이나 그림이 더 많은 도트로 이루어져 있다면 더 깨끗하고 선명한 사진과 그림을 보여줄 수 있어요. 하지만 도트는 픽셀과는 조금 차이가 있어요. 한 픽셀은 3개의 도트로 되어 있고, 각 도트는 삼원색의 색을 하나씩 표시해요. 즉 '3도트 = 1픽셀'이 된답니다.

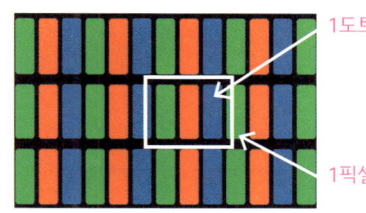

 **디피아이 'dpi'가 클수록 화면이 깨끗해요**

디피아이는 디지털 사진이나 그림의 '해상도'를 나타내는 단위예요.

해상도란 이미지가 얼마나 세밀한지를 나타내는 말로, 화면 1인치에 도트가 얼마나 들어 있는지를 말해요.

디피아이 값이 클수록 더 많은 도트가 들어 있어 사진이나 그림을 더욱 세밀하게 표현할 수 있어요.

시대가 발전하면 정보량도 늘어나요

큰 정보량의 표시법

앞에서 컴퓨터의 정보량을 나타내는 단위로 '바이트'를 쓴다고 했지요? 하지만 최근에는 컴퓨터와 스마트폰의 정보량이 너무 커져서 더 큰 단위가 필요하게 되었어요. 그래서 여기에서는 더 큰 단위를 소개할게요.

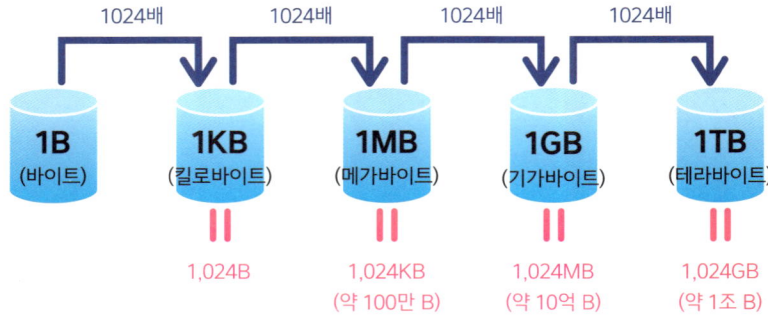

시대에 따라 점점 커지는 메모리 용량

1980~1990년대
플로피 디스크

1.44MB 기록 가능

2000년대
CD

700MB 기록 가능

× 486장 분량

1990~2020년대
하드디스크

4TB 기록 가능
(현재 주로 이용)

× 2,912,256장 분량

찾아보기

1
10의 거듭제곱 ·· 16

A
bps ··· 134
G 값 ··· 97
N 극 ··· 60, 88
S 극 ··· 60, 88
SPF ·· 129
SI 단위계 ·· 18, 19

가
가상화폐 ·· 121
가속도 (m/s^2) ··· 96, 97
가우스 (G) ······································· 88, 89, 90
각도 ··· 48, 49
갤런 (gal) ·· 36
고기압 ·· 66, 67
광년 (ly) ··· 54, 55, 57
광도 ·· 18, 114
근 ··· 125
기압 ·························· 64, 65, 66, 67, 68, 69
길이 ···14, 18, 24, 26, 28, 30, 31, 32, 124

나
년 ··· 45
노트 (kt) ·· 95
뉴턴 (N) ·· 43

다
다스 ·· 20
달러 ($) ·· 118
데시리터 (dL) ·································· 34
데시벨 (dB) ······························ 112, 113
도 (°) ·· 48, 49
도 (℃) ·· 62
도 (℉) ·· 62
도트 (dot) ··· 137
돈 ·· 125
되 ··· 125
등급 ··· 58, 59

디피아이 (dpi) ··· 137

라
럭스 (lx) ··· 114, 115
루멘 (lm) ·· 114
리터 (L) ································· 34, 35, 36, 39

마
마하 ·· 94
면적 ································· 28, 29, 30, 31
모스 경도 ······································· 126, 127
몰 (mol) ··· 18
무게 ··· 14, 15, 18, 38, 39, 40, 41, 42, 43, 125
물시계 ·· 46
미터 (m) ······························ 18, 24, 25, 27
미터원기 ··· 27

바
바이트 (B) ···························· 132, 133
밝기 ····································· 58, 59, 114
방위각 ·· 61
방사선 ··································· 91, 105, 106, 107
방위 ·· 61
배럴 (bbl) ·· 36
번개 ·· 74, 75
베크렐 (Bq) ··· 106
볼트 (V) ······················· 80, 81, 82, 83
부피 ······························ 19, 32, 33, 34, 35, 125
분 ·· 44
분속 ··· 92, 93
비트 (b) ······························ 132, 133
빅맥지수 ··· 121
빠르기 ····· 19, 65, 92, 93, 94, 95, 134, 135

사
산성 ·· 102, 103
섬 ·· 125
섭씨 (℃) ·· 62
세기 ··· 122
세제곱미터 (m^3) ·········· 19, 32, 33
셰켈 ·· 39
소수점 ·· 16
스타디온 ··· 15
시 ·· 44
시간당 킬로미터 (km/h) ···················· 92
시버트 (Sv) ································· 106, 107
시속 ··· 92, 93
씨시 (cc) ··· 34, 35

아

아르 (a) ·· 30
알칼리성 ································· 102, 103
암페어 (A) ············ 18, 80, 81, 83, 84, 85
야드 (yd) ···································· 26, 27
엔 (¥) ·· 119
온도 ·· 62, 63
온스 (oz) ·· 42
옴 (Ω) ·· 84, 85
와트 (W) ·· 82, 83
와트아워 (Wh) ································ 83
원 ·· 118
원자 ···································· 104, 105, 106
원자시계 ·· 47
월 ·· 45
위도 ·· 70, 71
위안 (¥) ·· 19
유도 단위 ·· 119
유로 (€) ·· 119
음속 ·· 94
음압 ·· 112, 113
이진법 ······································ 132, 133
인치 (in) ·· 26, 27
일 ·· 44, 45
일양 ·· 100

자

자력 ···································· 88, 89, 90, 91
저기압 ·· 66, 67
저항 (Ω) ······································ 84, 85
전력 ·· 82, 83
전력량 ·· 83
전류 ························ 18, 80, 82, 84, 85
전압 ························ 80, 81, 82, 83
전자파 ·· 78, 105
전지 ···································· 81, 86, 87
절대온도 (K) ····································· 62
접두어 ·· 17
정전기 ·· 108, 109
제곱미터 (m²) ···················· 19, 28, 29
조도 ·· 114, 115
주파수 ·· 78, 79
줄 (J) ·································· 100, 101
중력 ·· 97
진도 ·· 72, 73

차

질량 ·· 18, 43

척 ·· 124
천문단위 (au) ····························· 54, 55
초 ·· 18, 44
초당 미터 (m/s) ····························· 92
촌 ·· 124

카

카톤 ·· 21
칸델라 (cd) ································· 18, 114
칼로리 (cal) ···················· 98, 99, 100, 101
캐럿 ·· 126
켈빈 (K) ······································· 18, 62
쿼츠 시계 ·· 47
큐빗 ·· 14, 26
클록 주파수 ································· 134
킬로그램 (kg) ························· 18, 38, 39
킬로그램 원기 ································· 39

타

태양력 ·· 123
태음력 ·· 123
테슬라 (T) ····················· 88, 89, 90, 91
톤 (t) ·· 40, 41
통신 속도 ·· 135

파

파섹 (pc) ··································· 54, 55
파운드 (£) ···································· 119
파운드 (lb) ······································ 42
퍼밀 (‰) ································ 116, 117
퍼센트 (%) ······················· 50, 51,116
평 ·· 31, 124
풍속 ·· 65, 67
피에이치 (pH) ·························· 102, 103
피트 (ft) ·· 26, 27
픽셀 (px) ·· 136

하

해상도 ·· 137
해시계 ·· 46
헤르츠 (Hz) ·························· 78, 79, 134
헥타르 (ha) ······································ 30
헥토파스칼 (hPa) ······················ 64, 66
화소 ·· 136
화씨 (℉) ·· 62

리스컴이 펴낸 책들

아이들에게 꿈과 진로를 찾아주는
꼬리 물기 독서법

한 권의 책을 읽은 후 그 책의 주제와 관련된 다른 책을 읽어가는 독서법. 관심 분야의 책을 재미있고 깊이 있게 읽을 수 있고, 진로 선택에도 도움이 된다. 꼬리 물기 독서의 개념과 방법, 연결성 있는 책 읽기로 꿈을 실현한 청소년들의 사례도 풍부하게 담았다.

유순덕 지음 | 216쪽 | 152×223mm | 13,000원

생각을 키우는 철학 이야기
내 마음에게 물어봐요

어린이를 대상으로 한 희망네트워크의 철학 강의를 엮은 책. 어려운 철학 지식이 아닌 살아가면서 겪는 흔한 질문들을 던짐으로써 아이들이 스스로 생각할 수 있도록 도와준다. 자아, 존재, 세계, 생각, 삶과 죽음에 대한 질문에 차근차근 답하다 보면 건강한 마음을 갖게 되고 사고력과 창의력도 쑥쑥 자란다.

박남희 지음 | 136쪽 | 180×240mm | 12,000원
2015 한국출판문화진흥재단 올해의 청소년 교양도서

독서와 질문으로 생각하는 힘 키우기
하브루타 창의력 수업

교육 1번지 대치도서관 관장이 경험을 바탕으로 유대인의 교육법인 하브루타와 독서를 접목한 '하브루타 독서법'을 소개한다. 함께 책을 읽고 질문하고 토론함으로써 아이의 사고력과 창의력을 키우는 기적의 독서법이다. 가정에서 진행할 수 있도록 상세한 방법과 사례를 담았다.

유순덕 지음 | 216쪽 | 152×223mm | 13,000원
2019 세종도서 교양부문 선정도서

우리말을 알면 국어 실력이 쑥쑥 ~
알나리 깔나리, 우리말 맞아요?

일상의 이야기 속에서 우리말을 재미있게 익히고 풍부한 어휘력을 갖추는 데 도움을 준다. 책 속 이야기를 따라가다 보면, 우리말을 쉽고 재미있게 익힐 수 있다. 우리말의 정확한 뜻풀이, 우리말의 바른 쓰임새와 그 말에 얽힌 이야기도 담겨 있어 글쓰기 능력도 키울 수 있다.

공주영 감수 | 144쪽 | 178×240mm | 11,200원
2016 세종도서 교양부문 선정도서

원리 중심의 쉬운 설명으로 머릿속에 쏙!
한눈에 쏙 들어오는 한글 맞춤법

국립국어원에서 공표한 어문 규정을 바탕으로 하여 한글 맞춤법을 체계적이면서도 알기 쉽게 설명한 책이다. 맞춤법과 띄어쓰기, 외래어 표기법, 문장 부호 등 규범은 물론이고, 혼동하기 쉬운 말과 한문 투의 말, 일본말에서 온 말 등 잘못 사용하는 말의 순화어까지 한 권에 담았다. 이해하기 쉬운 설명과 실생활에서 응용할 수 있는 풍부한 예문, 실력을 점검할 수 있는 연습문제까지. 이 책을 차근차근 읽어나가다 보면 매일 쓰는 우리말 실력이 향상되는 것을 알 수 있다.

공주영 감수 | 192쪽 | 188×245mm | 14,000원

유네스코 세계문화유산 마을 여행
역사가 숨 쉬는 세계 별별 마을

재미있는 이야기를 통해 세계의 역사와 문화를 아이들에게 자연스럽게 알려주는 책이다. 기독교와 이슬람교가 사이좋게 살았던 터키 이스탄불, 다빈치와 미켈란젤로가 예술 경쟁을 벌였던 이탈리아 피렌체, 잉카의 전설이 살아 있는 페루 쿠스코 등 유네스코 세계 문화유산 마을 열 곳을 소개한다.

이정주 지음 | 168쪽 | 180×240mm | 11,200원

알면 알수록 재미있는 단위의 세계

지은이 단위의 세계 편집부
옮긴이 도기훈

책임 편집 김민주
디자인 한송이

기획·편집 이데아 빌리지
집필 야마구치 유미, 후쿠오카 히데키, 코이소 노리코
일러스트 노리 멧코
본문 디자인 고야타 카즈미
도판 미즈키, 미도리 미즈

인쇄 HEP
초판 1쇄 2023년 5월 10일
초판 2쇄 2023년 8월 1일

펴낸이 이진희
펴낸곳 (주)리스컴

주소 서울시 강남구 테헤란로64길 13, 풍림아이원레몬 오피스 1201호
대표번호 02-540-5192
　영업부 02-540-5193
　편집부 02-544-5194
FAX 02-540-5194
등록 제2-3348호

ISBN 979-11-5616-297-1 73410

이 책은 저작권법의 보호를 받는 출판물입니다.
이 책에 실린 사진과 글의 무단 전재와 무단 복제를 금합니다.
잘못된 책은 바꾸어 드립니다.
책값은 뒤표지에 있습니다.